Bildideen für Acryl

Wie man ein abstraktes Bild malt

Angelika Biber-Najork

Bildideen für Acryl

Wie man ein abstraktes Bild malt

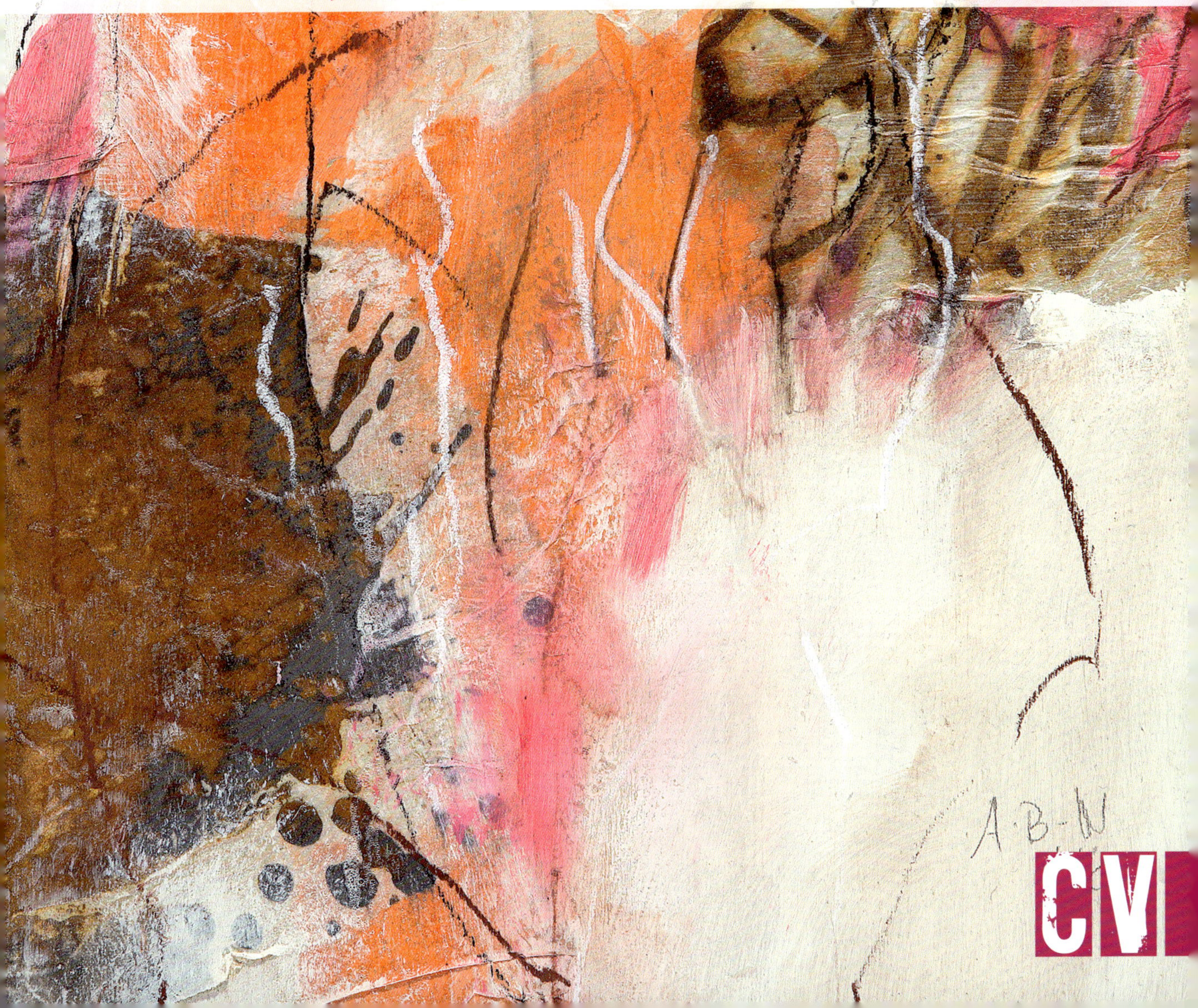

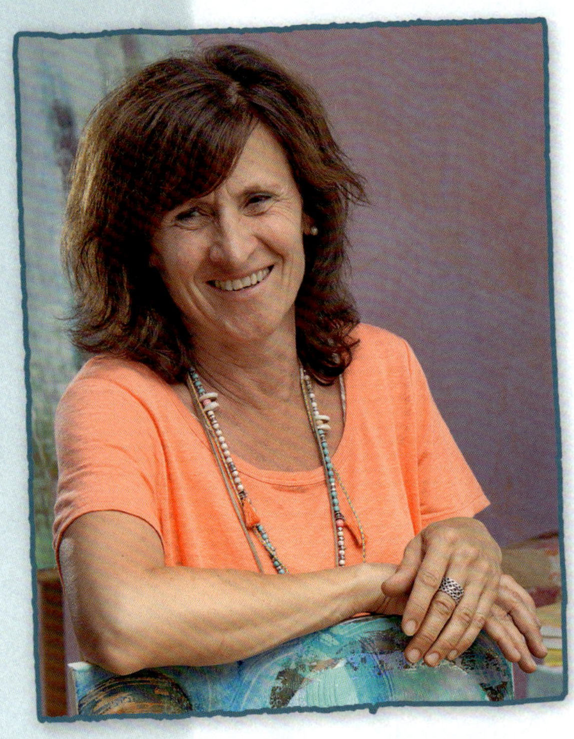

Angelika Biber-Najork lebt in Bergisch Gladbach und arbeitet überwiegend in ihrem Atelier in der ART FACTORY in Köln-Dünnwald oder auf Malreisen.
Nach ihrem Studium an der Fachhochschule Krefeld, Fachbereich Design, und ihrem Abschluss als Diplom-Designerin war sie von 1990 bis 2007 als Grafikerin in verschiedenen Agenturen tätig.
Durch die Weiterbildung zur Kunstpädagogin von 2007 bis 2008 veränderte sich der Schwerpunkt ihrer Arbeit: Anfang 2008 eröffnete sie die Malschule „Atelier Farbräume".
Seitdem unterrichtet sie in ihrem Atelier und ist künstlerische und kunstpädagogische Projektmitarbeiterin verschiedener Bildungsträger und Firmen in NRW.
Sie hat mehrere Publikationen zum Thema experimentelle, prozessorientierte Malerei veröffentlicht.

www.atelier-farbräume.de

Angelika Biber-Najork

Autorin: Angelika Biber-Najork

Bildnachweis: Schrittfolgen und S. 42, Abb. C: Angelika Biber-Najork
Porträtfoto S. 4 und alle anderen: Frank Schuppelius

Layout und Litho: Achim Ferger

Lektorat und Produktmanagement: Tina Bungeroth

Druck und Verarbeitung: Neografia, Slowakei

ISBN 978-3-86230-357-1
Art.-Nr. 30357

Besuchen Sie uns auf unserer Website: www.christophorus-verlag.de

Inhaltsverzeichnis

Vorwort

Malerei ist aus meiner Sicht Experiment und Überraschung zugleich. Im Vordergrund steht die Freude am Tun. Ich erfreue mich an Farben und entstehenden Formen und an den Möglichkeiten, die die verschiedensten Materialien eröffnen. Wenn die Materialien anders reagieren als von mir gewünscht oder erwartet, kann ich die gewohnten Pfade verlassen und neue Wege begehen, neue Ideen für meine abstrakten Bilder entwickeln. Ja, diese Art der Malerei ist eine Reise ins Ungewisse. Aber ich mache immer nur einen Schritt nach dem anderen.

Als Grenzgängerin zwischen Fläche und Linie und von beidem gleichermaßen fasziniert, verbinde ich gerne Malerei mit Zeichnung. Im Zusammenhang mit Strukturen und durch das Spiel mit den Materialien und Werkzeugen entstehen locker wirkende, kontrast- und spannungsreiche Bilder.

Meinen Erfahrungsschatz möchte ich an die Leser dieses Buches weitergeben. In den drei Kapiteln „**Fläche und Form**", „**Die Linie**" und „**Die Struktur**" gebe ich konkrete Anhaltspunkte, wie ich ganz intuitiv zu Ideen für individuelle abstrakte Bilder komme, und zeige auf, wie unterschiedlich die Ergebnisse sind, wenn ich die Materialien variiere. So hat die Fläche eines Pinselschwunges eine andere Form als der Abdruck einer Linolwalze. Eine Pinsellinie hat eine andere Aussage als eine mit dem Stift gezogene Linie. Die Beispielbilder machen dies sichtbar. Bei der abstrakten Linie gibt es kein „richtig oder falsch", es zählt alleine der Ausdruck. Deshalb wird in diesem Buch ein großes Augenmerk auf diese Art des Zeichnens gelegt. So möchte ich auch denjenigen, die meinen, sie könnten nicht zeichnen, dieses „Spiel mit der Linie" vermitteln.

Alle Materialien können gemischt werden, und durch viele Schichten (gemalt, gerollt, gezeichnet oder gedruckt) entsteht ein Geflecht von Formen, Farben und Linien. Gearbeitet wird immer in Serie. So richtet sich der Fokus nicht nur auf ein Bild, sondern es entstehen Variationen eines Themas. Dieses Vorgehen macht lockerer. Das Bild wird wieder übermalt, teils

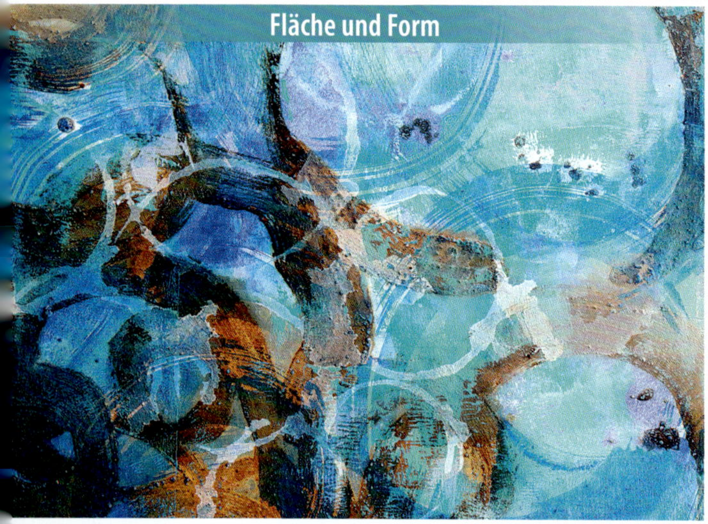

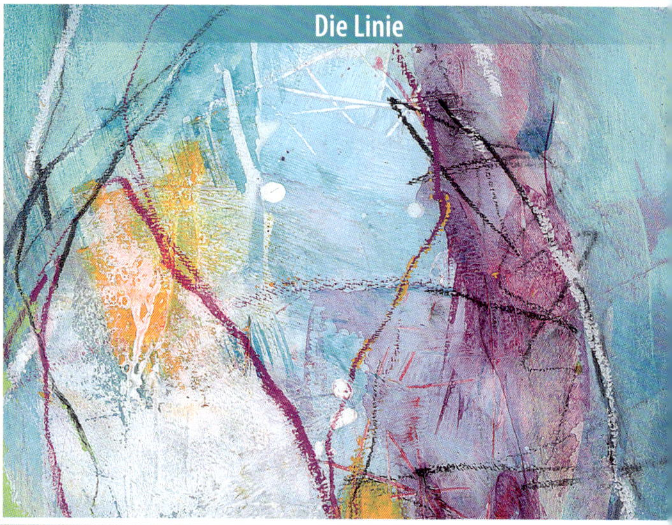

deckend, teils transparent und wir greifen intuitiv zum nächsten Malwerkzeug. Diese Schichtungen sollen in den Abbildungen verdeutlicht werden.

Im letzten Kapitel, „**Zusammenfügen**“, werden anhand einiger fertiger Bildmotive Komposition und Aufbau näher erläutert und der Betrachter hat die Möglichkeit, die verschiedenen Techniken in Kombination zu sehen.

Meine Art der Malerei ermöglicht es, zunächst einmal frei zu arbeiten und erst im weiteren Verlauf des Prozesses bewusst kompositionelle Aspekte zu berücksichtigen.

Dieses Buch soll zum Experimentieren anregen und Ihnen helfen, den Einstieg in die Bildgestaltung zu finden und eigene Bildideen zu entwickeln. Lassen Sie sich auf diese Entdeckungsreise ein und Sie werden sehen, dass Sie schnell freier in Form und Linie werden. Versuchen Sie es! Erfreuen Sie sich an einer intensiven Malerei, in die Sie tief eintauchen können. Beobachten Sie Spuren und Zufälligkeiten und fügen Sie diese immer wieder neu zusammen.

- Vergleichen Sie sich nicht mit anderen. Lassen Sie **IHRE** Bilder entstehen.
- Lösen Sie sich davon, bestimmte Bild-Vorstellungen in Ihrem Kopf erreichen zu wollen.
- Bewerten Sie nicht jeden Schritt, den Sie tun.
- Die Ergebnisse werden den Bildern im Kopf in nichts nachstehen, im Gegenteil, sie werden ausdrucksstärker sein als zuvor. Geben Sie auf, das perfekte Ergebnis erzielen zu wollen.
- Lassen Sie Unordnung zu!

Erfahren Sie ein neues Gefühl der Freiheit. Alles ist möglich!

Die Struktur

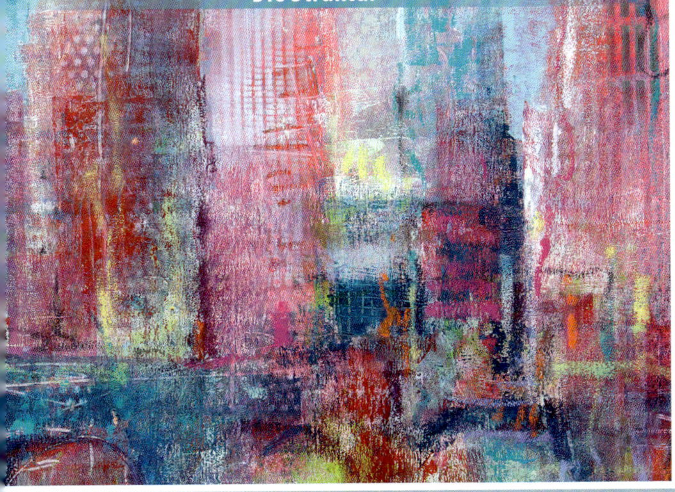

Zusammenfügen

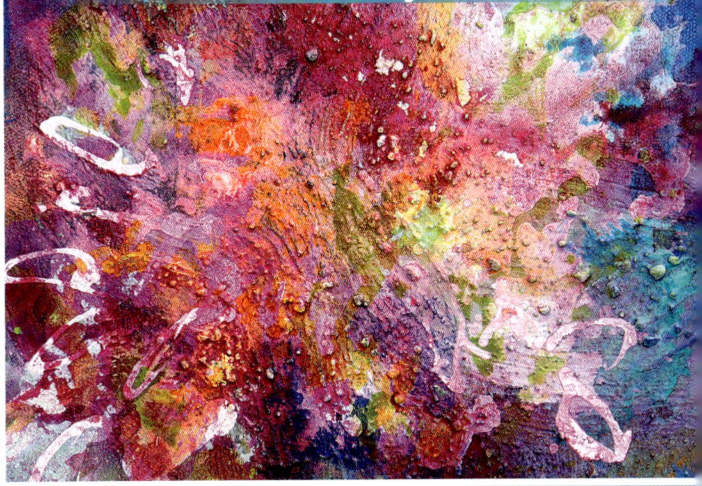

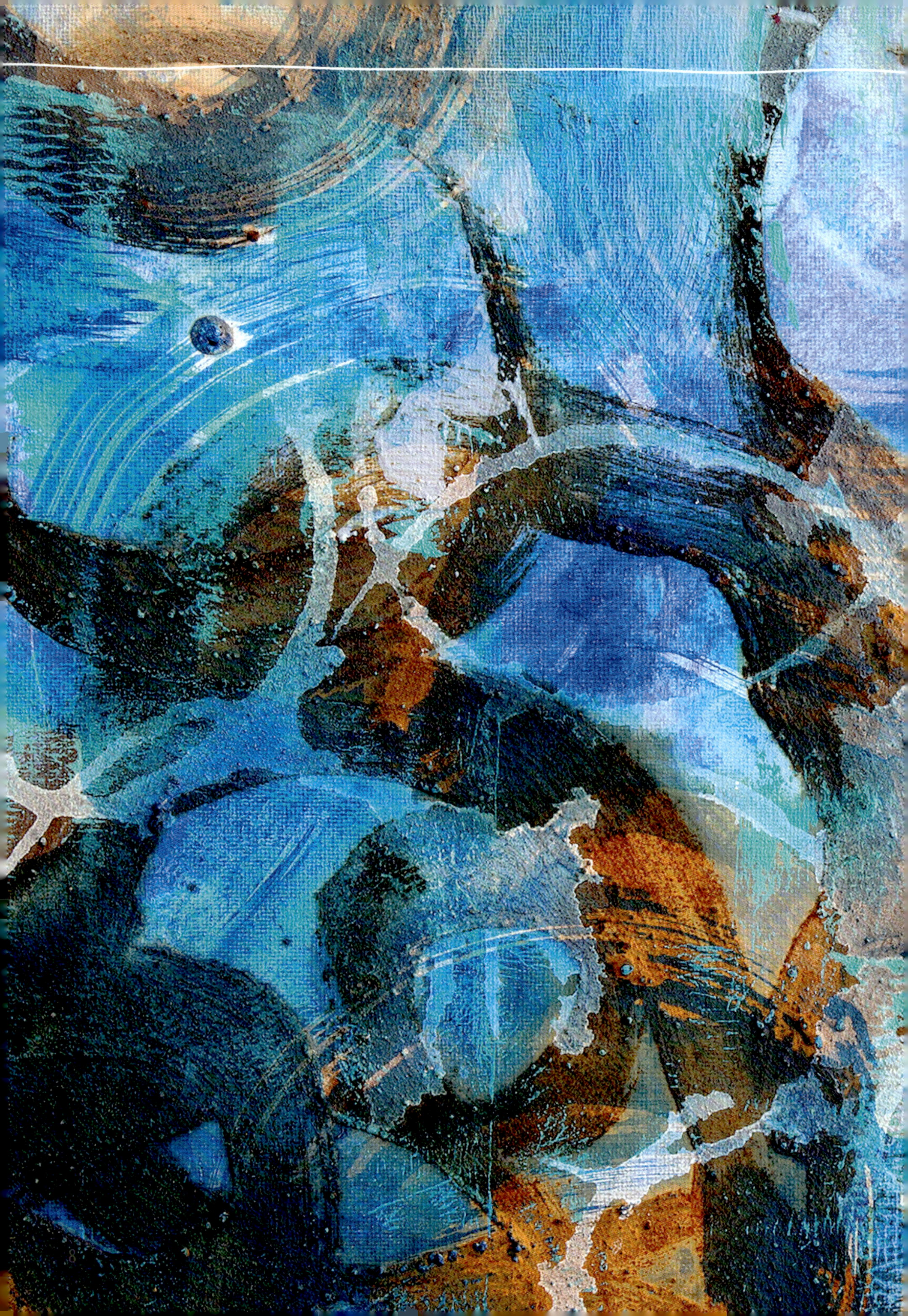

Fläche und Form

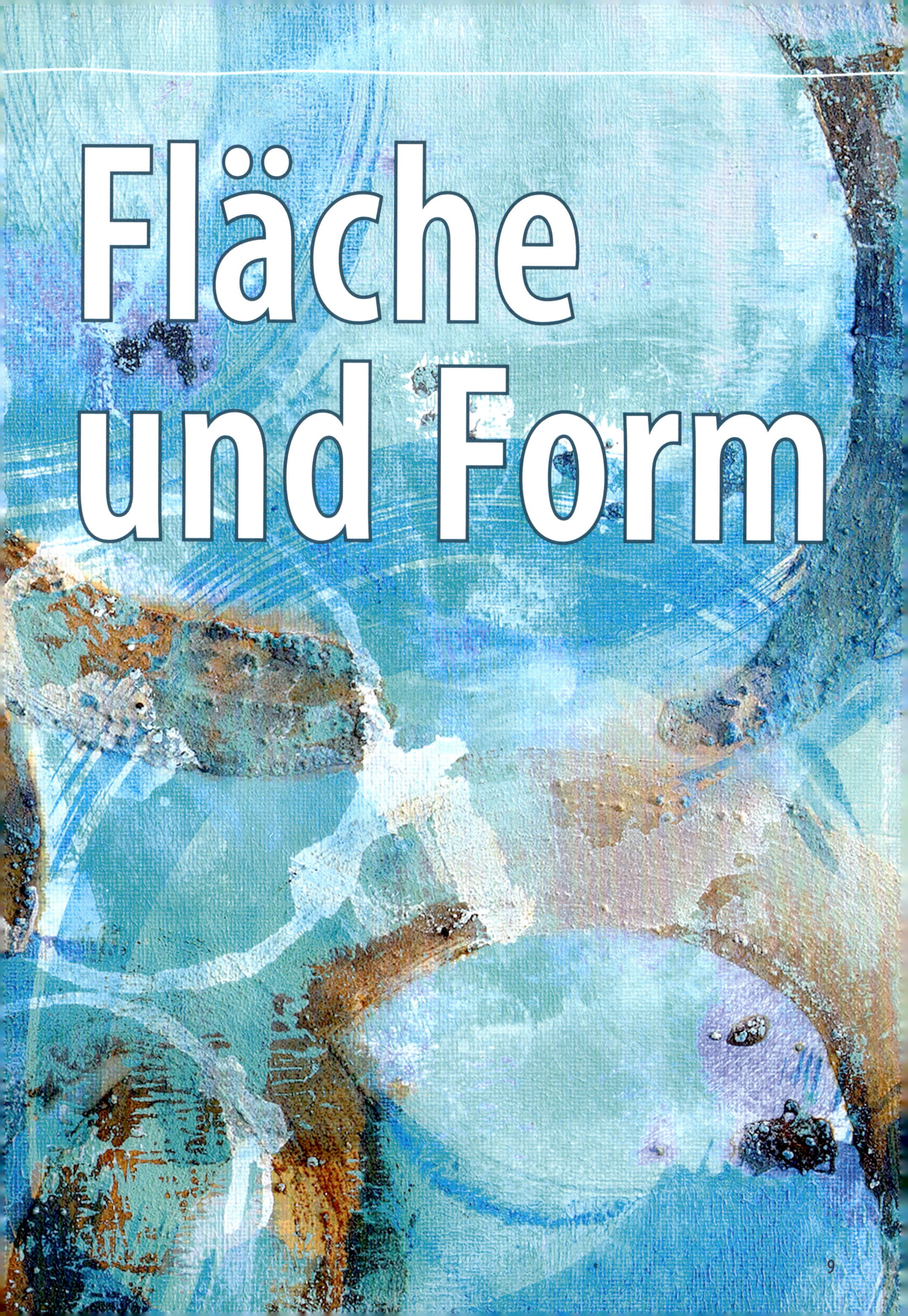

Fläche und Form

Flächen, die mit unterschiedlichen Malwerkzeugen angelegt werden, helfen mir beim Einstieg in die Bildgestaltung und bei der Findung von Bildideen. Je größer der Malgrund, desto größer sollte das Malwerkzeug sein, damit Sie Formen aus einem Schwung setzen können.

Werkzeuge

Gehen Sie auf die Suche nach möglichen Werkzeugen, mit denen Sie in Ihrer eigenen Art und Weise Flächen gestalten können. Alltägliche Gegenstände, Werkzeuge aus dem Baumarkt oder Zweckentfremdetes können neue Impulse bringen. Jedes Werkzeug prägt dabei maßgeblich den Ausdruck der Form, natürlich abhängig von der Beschaffenheit der aufzutragenden Farbe.

Hier eine Grundausstattung an Werkzeugen:

- Colour Shaper, breite und spitze Form
- breiter Pinsel
- Schaumstoff- und Gummiwalzen (Linolwalzen)
- Behälter zum Schütten flüssiger Farbe
- Gummispachtel
- Quast

Farben und Materialien

Acrylfarbe pastos ist besonders **für deckende Farbaufträge** geeignet, jedoch abhängig von der spezifischen Deckkraft der Farbe an sich. Gelbe Farbe zum Beispiel wird den Untergrund nie völlig abdecken, ein Titanweiß aber schon.

Acrylfarbe flüssig (also mit Wasser verdünnt) schafft **transparente Lasuren**, die den Untergrund hindurchschimmern lassen, ähnlich wie Aquarellfarbe.

Pigmente mit Acrylemulsion oder Acrylbinder sind bestens geeignet, um Acrylfarben selbst herzustellen. Acrylbinder ist das Bindemittel, das zur Herstellung von Acrylfarben verwendet wird. Acrylemulsion ist ebenfalls ein Bindemittel, sie ist aber flüssiger als Binder, hat eine höhere Klebkraft und ist leicht glänzend. Mit diesen beiden Materialien und den Pigmenten können Farben nach den spezifischen Bedürfnissen angerührt werden.

Beize ist eine wasserlösliche Farbe in Pulverform aus dem Baumarkt. Sie wird im Möbelbau verwendet und ist in vielen reinen Farbtönen sowie in Holztönen erhältlich. Beize ist lösungsmittelfrei und geruchsarm und schafft lasierende, durchscheinende Farbaufträge, denn das Pigment ist sehr fein und zieht deswegen in die Untergrundmaterialien ein. Beize ist in den Maleigenschaften mit Aquarellfarbe vergleichbar, bleibt also nach dem Trocknen wasserlöslich und löst sich beim weiteren Darübermalen wieder an. Diese Eigenschaft lässt sich sehr gut in die Bildgestaltung integrieren.

Tusche ist besonders für lineare Akzente geeignet, kann aber auch zum Einfärben strukturierter Flächen verwendet werden. Es gibt sie in verschiedenen Qualitäten. Sie trocknet meist wasserfest auf, ist transparent und farbintensiv. Schellacktusche glänzt nach dem Trocknen etwas mehr.

Airbrush-Farbe ist eine höchst lichtechte, sehr farbintensive und hochpigmentierte deckende flüssige Farbe. Pur aufgetragen ergibt sie die intensivsten farblichen Erhöhungen im Bild, weil sie in sehr leuchtenden Farben erhältlich ist. Weiße Airbrush-Farbe überdeckt z. B. auch einen dunklen Untergrund. Dieser Effekt wäre mit verdünnter Acrylfarbe nicht zu erreichen. Airbrush-Farbe kann gegebenenfalls verdünnt werden, damit sie transparenter wird.

Schellack ist ein Naturprodukt und besteht aus den harzigen Ausscheidungen von Lackläusen, die in Spiritus aufgelöst werden. Schellack gibt es in verschiedenen goldgelben bis bernsteinfarbenen transparenten Farbtönen. Dies gibt den Bildern einen besonders schönen warmen Farbklang.
Die ölig-harzige Konsistenz verdrängt aber auch flüssige Farbe, wie z. B. Tusche, und ergibt spezielle Strukturen.

Untergründe

Der gängige Untergrund für Acrylmaler sind **Leinwände**. Es kann jedoch hilfreich sein, den Malgrund hin und wieder zu wechseln, denn auch die Beschaffenheit des Untergrundes verändert den Prozess. Auf einer **Holzmaltafel** zum Beispiel malt es sich anders, denn der Untergrund ist sehr hart und gibt nicht nach, außerdem ist er sehr glatt und saugt zudem auch anders (siehe auch Kapitel Strukturen unter Wachs, S. 76 – 83). Arbeiten auf **Papier** lassen sich beschneiden (siehe „Spiel mit der Linie“, S. 50 – 51) und sind kostengünstiger. So ist für den Ausdruck im Bild auch die Wahl des Malgrundes verantwortlich.

Serielles Arbeiten

Beim seriellen Arbeiten bin ich weniger auf die einzelnen Bilder konzentriert, sondern versuche die Flächen jeweils in einer anderen Position auf die verschiedenen Leinwände zu setzen. Bei der Schichtung von Flächen sind die Formen variabel und können mehrfach verändert und überlagert werden. Weitere Flächen ergeben neue Formzusammenhänge und dazugegebene Farben verändern die Komposition. Jede einzelne Form muss **nicht perfekt** sein. Sie kann schichtweise entstehen.
Beginnen Sie mit der ersten Fläche. Schauen Sie, wie die Fläche im Format sitzt. Ist die Position mittig oder asymmetrisch? Gibt es Pinselspuren oder Spritzer? Geht die Form teilweise bis an den Bildrand, wird dadurch im Format angebunden und bekommt Halt? Wichtig ist auch die Geschwindigkeit, mit der Sie arbeiten. **Zögern Sie nicht!** Eine schwungvoll aufgesetzte Fläche sieht auch dynamischer aus.
Ich arbeite mich häufig ins Chaos hinein, um dann wieder zu beruhigen. Das ist nur möglich, wenn ich massiv in das schon Gemalte eingreife und keine Sorge habe, etwas zu zerstören. **Malen Sie darüber!** Weitere Schichten überlagern zum Teil die ersten Flächen. Eine gute Methode, Bilder zu beruhigen, ist das Arbeiten mit dem trockenen Pinsel. So kann ein Spiel mit harten Kanten und weichen Übergängen erzeugt werden.
Wählen Sie intuitiv das nächste Malwerkzeug und das nächste Malmaterial. Sehr schnell werden Sie ein Gespür dafür entwickeln, welche Schichtungen gut funktionieren. Beobachten Sie, und treffen Sie die Entscheidung für den nächsten Schritt.

Basiswerkzeug Colour Shaper: „Menschen am Meer“

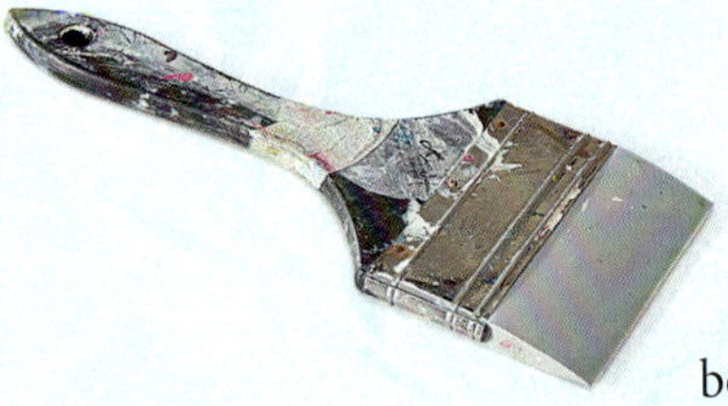

Ausgangspunkt ist hier eine Fläche, die mit dem Colour Shaper gesetzt wird. **Colour Shaper** sind Gummispachtel, die in unterschiedlichen Formen angeboten werden. Der hier verwendete ist dem Spachtel ähnlich, allerdings aus weichem, biegsamem Kunststoff, der dennoch scharfe Kanten hat.
Mit diesen Kanten kann man die Farbe gut wieder „abziehen“. Der Shaper ermöglicht einen sehr schönen intuitiven Zugang, da er ganz andere Spuren als ein Pinsel hinterlässt und die Farbe auf eine ungewöhnliche Art und Weise verteilt.

Detail:
Setzt man den Colour Shaper mit unverdünnter Farbe auf einer Seite mit weniger Druck auf, wird dort die Farbe dicker aufgetragen und ist somit dunkler.

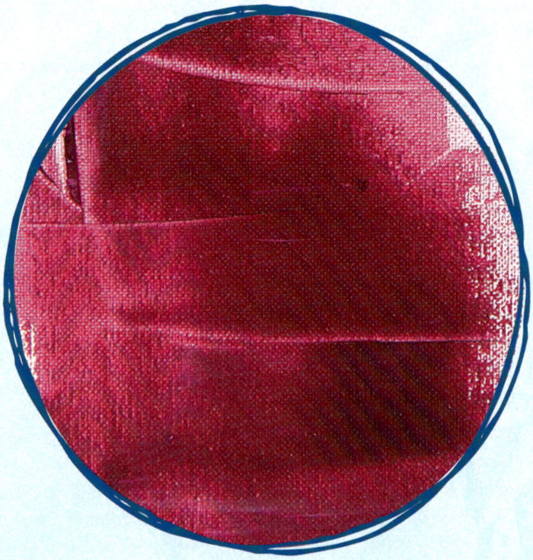

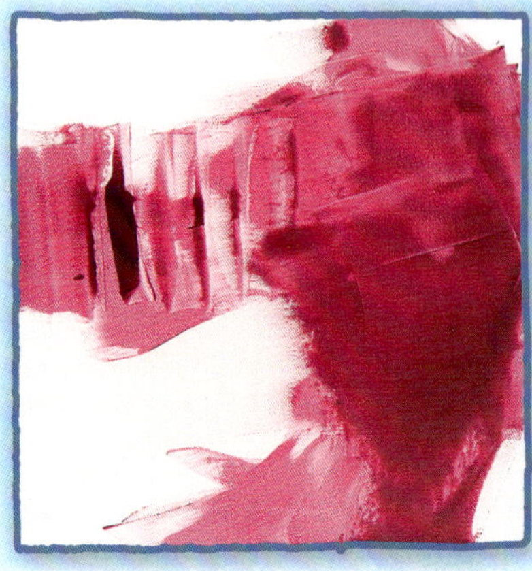

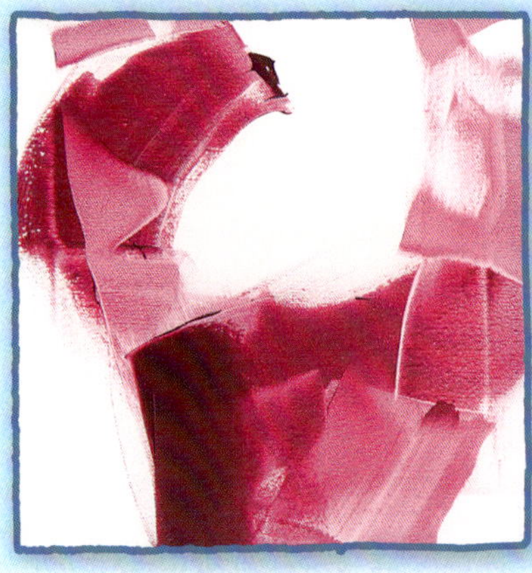

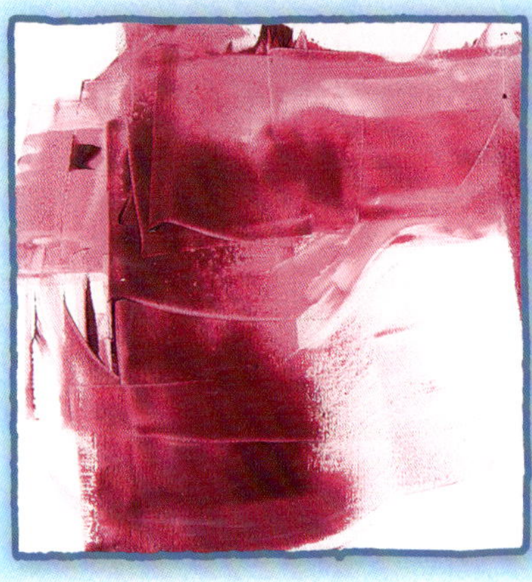

Material:

- *Leinwände 30 x 30 cm* • *Acrylfarben in Permanentviolett, Karminrot, Himmelblau hell, Ultramarinblau und Elfenbein* • *Airbrush-Farbe in Türkisblau* • *Colour Shaper* • *Borstenpinsel Breite 4“ (4 Zoll)* • *Synthetikpinsel Größe 20* • *Linierer* • *diverse Stifte*

1 Die erste Farbschicht besteht aus Acrylfarbe in Permanentviolett. Die Farbe ist fest und wird unverdünnt mit dem Colour Shaper aufgetragen. Die Form wird dabei an einigen Stellen in den „Anschnitt“, d. h. bis über den Bildrand hinaus, gezogen.

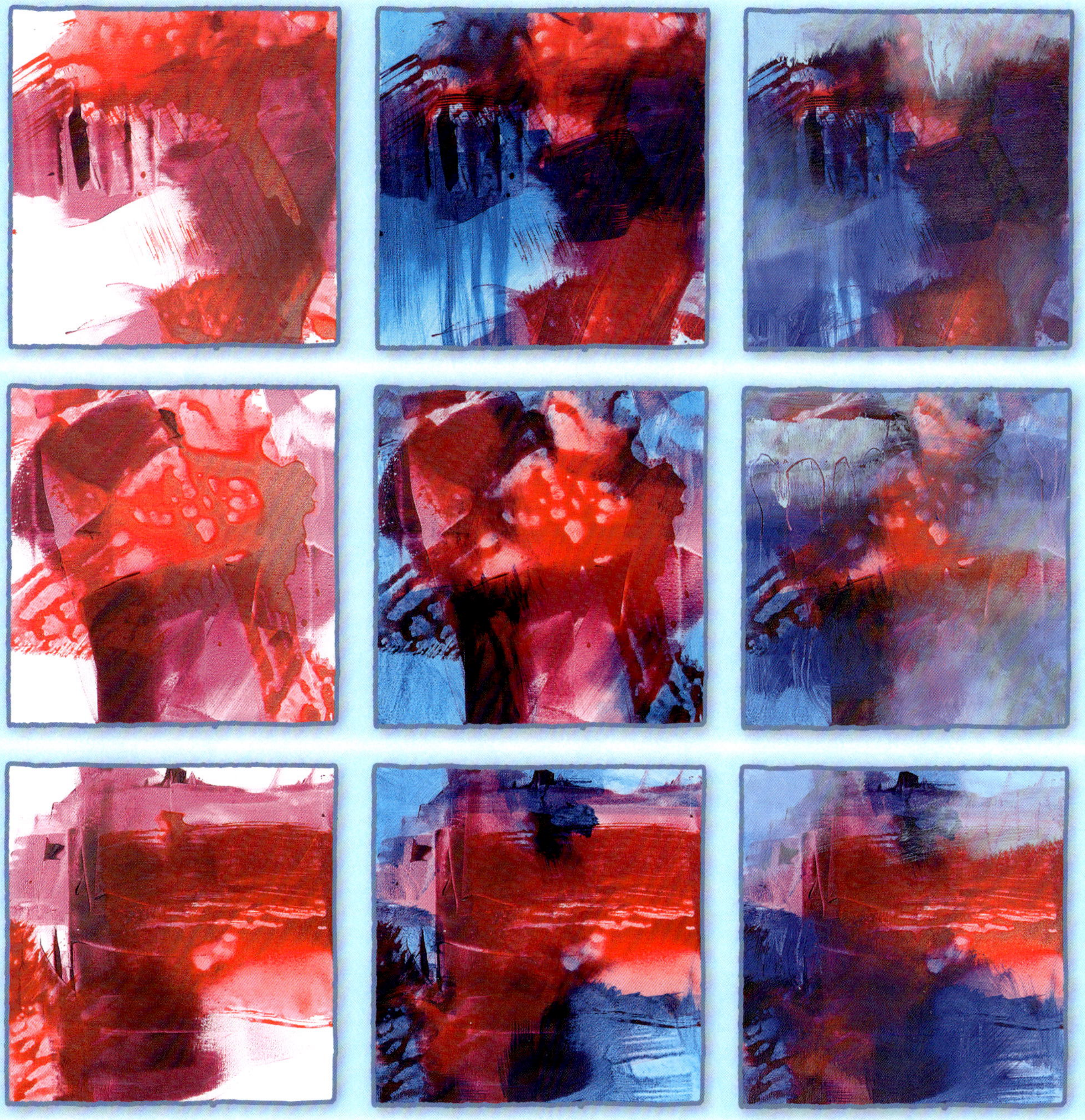

2 Als nächstes wird mit dem Borstenpinsel (4 Zoll) flüssige Acrylfarbe (Lasur, mit Wasser verdünnt) in Karminrot aufgetragen. Die Farbe perlt partiell ab und ergibt eigene, unkontrollierbare Strukturen.

3 Türkisblaue Airbrush-Farbe wird mit dem breiten Borstenpinsel aufgetragen, um den weißen Hintergrund zu färben und einzubinden. Dabei entstehen starke, dunkle Farbflächen. Erst jetzt drehe ich die Bilder für die endgültige Ausrichtung so, dass eine harmonische Farbverteilung entsteht.

4 Um die Flächen zu beruhigen, trage ich Himmelblau hell und Ultramarin mit dem trockenen Synthetikpinsel auf, mit dem sich exakter arbeiten lässt. Dabei verziehe ich die Farben weich miteinander und kratze mit dem Ende des Pinselstiels Linien direkt in die noch feuchten Farbflächen.

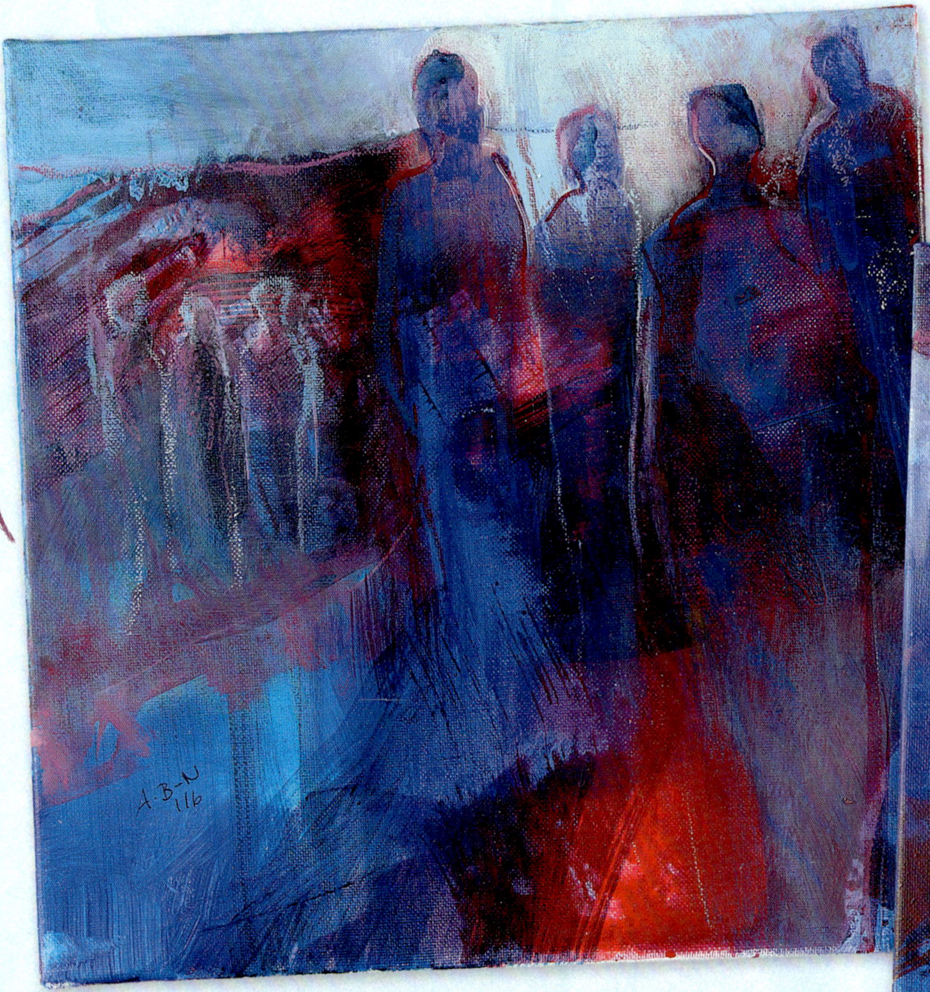

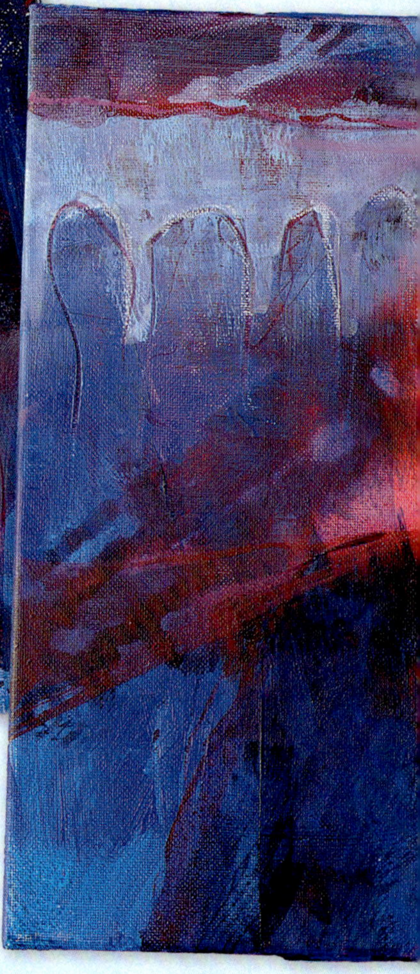

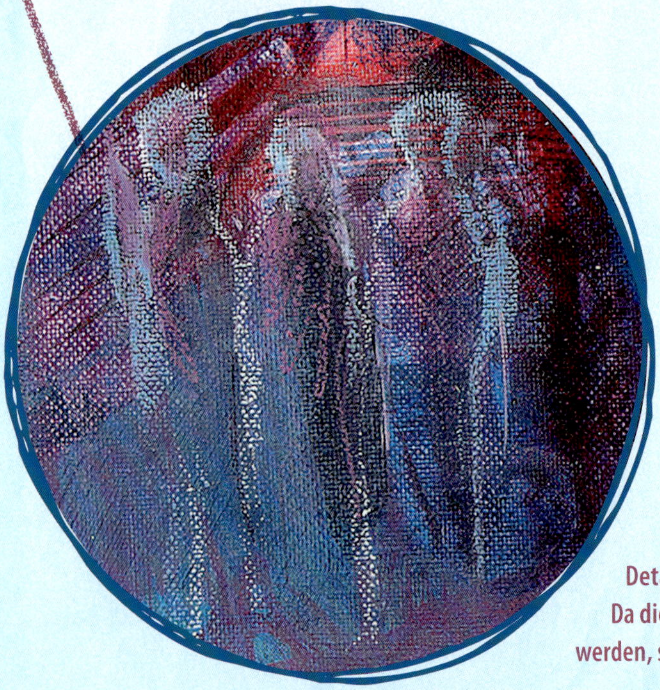

5 Die entstandenen Strukturen erinnern mich durch ihre Anordnung an Figuren im Schatten. Deshalb entscheide ich mich, die Serie angedeutet figürlich weiterzuentwickeln. Dazu werden die Hintergrundflächen mit Elfenbein beruhigt und aufgehellt und mit einer Lasur in Ultramarin wird Tiefe hineingebracht. Dazugesetzte Linien mit Linierer und Stift vervollständigen die Serie.

Detail:
Da die einzelnen Schichten größtenteils transparent gearbeitet werden, schimmern die unteren Strukturen hindurch.

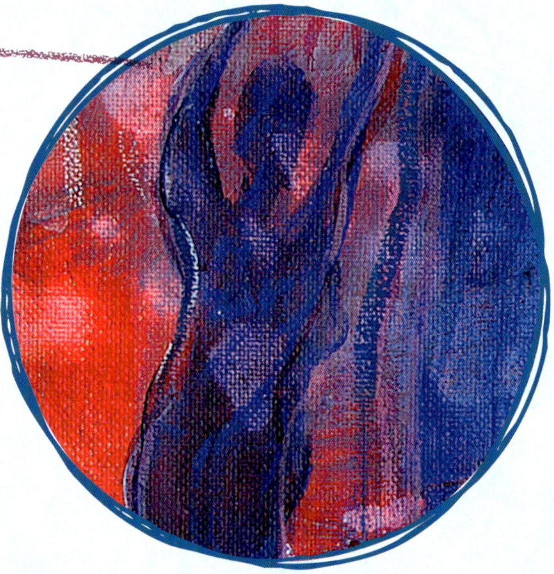

Detail:
Die Linien sollten die Form nicht exakt umranden, sondern locker umspielen.

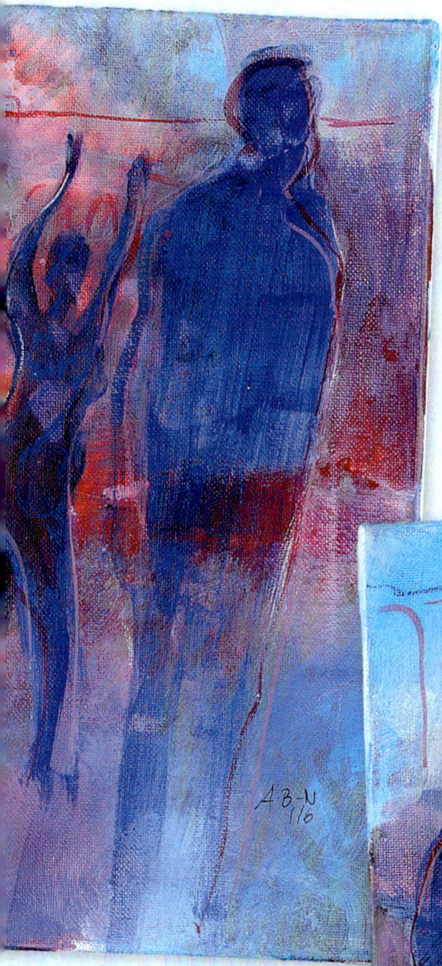

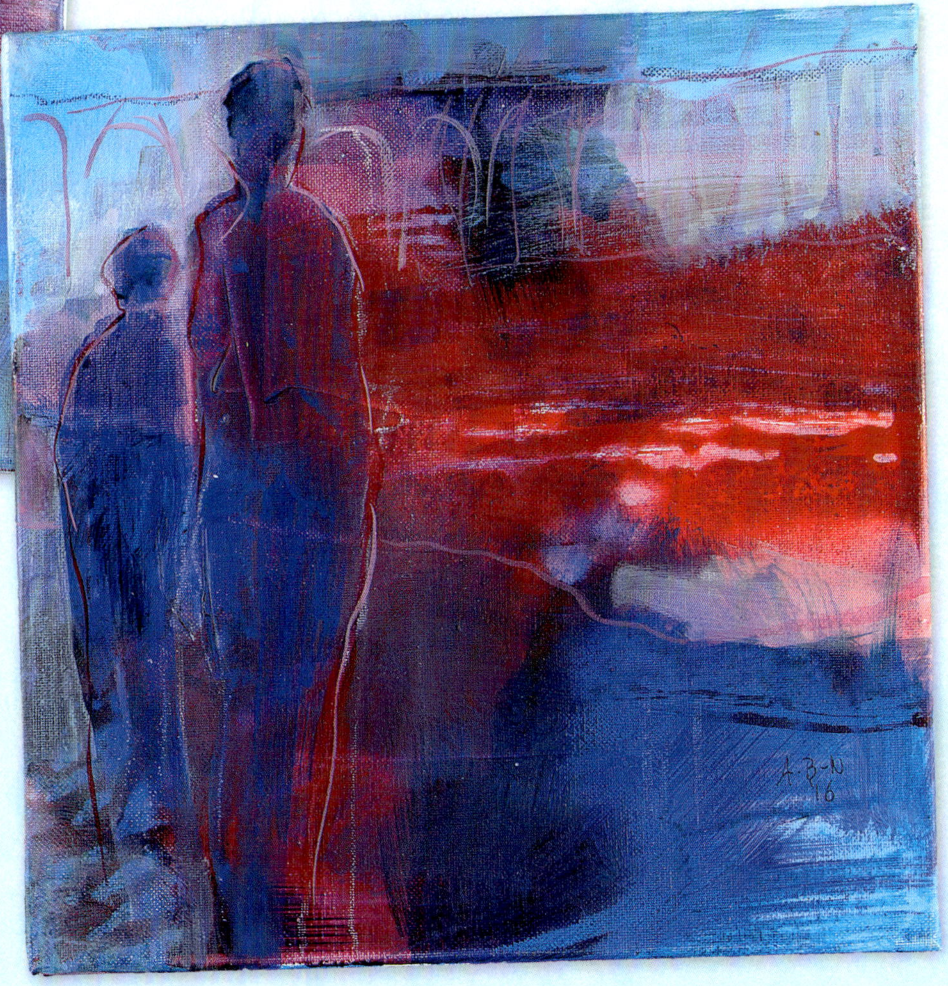

Basiswerkzeug breiter Borstenpinsel: „Rapsblüte"

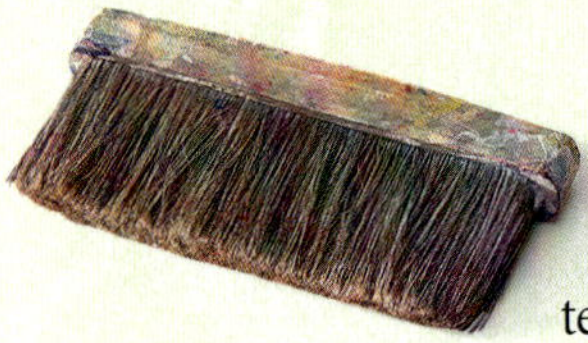

Die Idee zu dieser Serie entstand auf dem Weg zu einer meiner Malreisen. Das intensive Gelb der Rapsfelder ließ mich beim Einstieg in die Serie zur sehr farbintensiven Airbrush-Farbe greifen. Sie ist zudem hoch lichtecht und stark pigmentiert, so dass damit auch helle Farbtöne auf dunkleren Untergrund gesetzt werden können. Durch den **sehr breiten Borstenpinsel** (ca. 15 cm) ist es einfach, in einem Schwung breite, leicht gebogene Flächen auf das Format zu setzen.

Vor der Verwendung der **Linolwalze** rolle ich erst einmal die Acrylfarbe dünn auf einer Glasplatte aus, um die Walze gleichmäßig einzufärben und um keine unerwünschten **„Musterrapporte"** zu erhalten. Beim Arbeiten mit Beize ist zu beachten, dass sie sich bei der Überarbeitung mit weiteren Schichten anlöst und durch die neue Farbschicht hindurchschlägt, sie bleibt also auch nach der Durchtrocknung wasserlöslich. Ich arbeite aber dennoch gerne mit Beize, denn dadurch entstehen wunderbare, zufällige Mischtöne.

MUSTERRAPPORT: Wenn die Linolwalze ungleichmäßig eingefärbt ist, ergibt sich beim Abrollen ein sich entsprechend wiederholendes Abbild (Muster).

Material:

- *Leinwände 40 x 50 cm* • *Airbrush-Farbe Basis Gelb* • *Acrylfarben in Weiß, Elfenbein, Violett, Karminrot, Farn, Olivgrün und Brillantgrün* • *Beize in Grün, Blau, Kirschbaum, Gelb und Eiche hell* • *Acrylemulsion* • *Pigment in Blau* • *Breiter Borstenpinsel (möglichst ohne Stiel)* • *Synthetikpinsel 1,5"* • *Linolwalze und Glasplatte* • *Spritzflaschen für die Beize* • *Behälter zum Anrühren des Pigmentes*

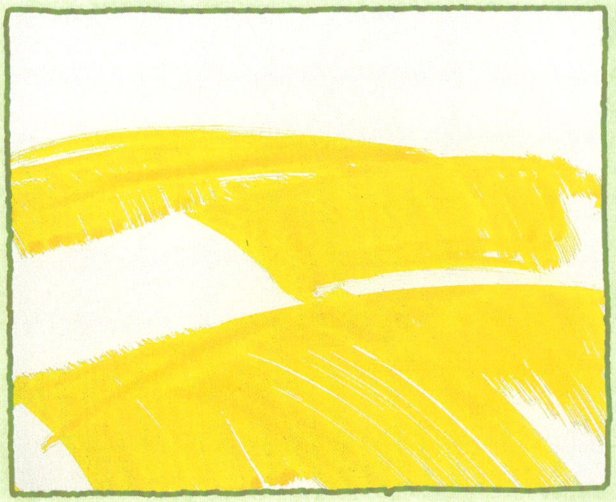

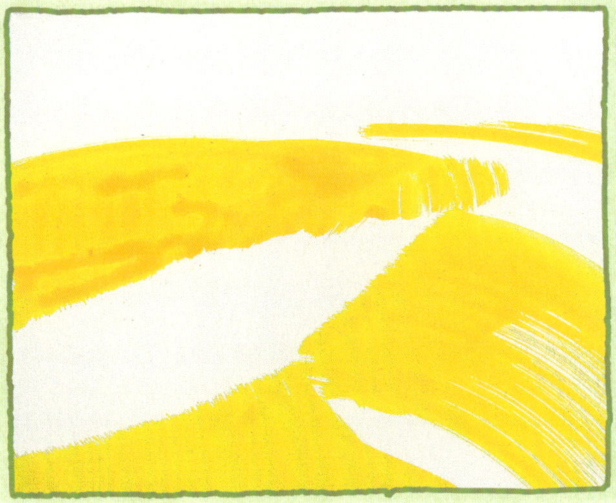

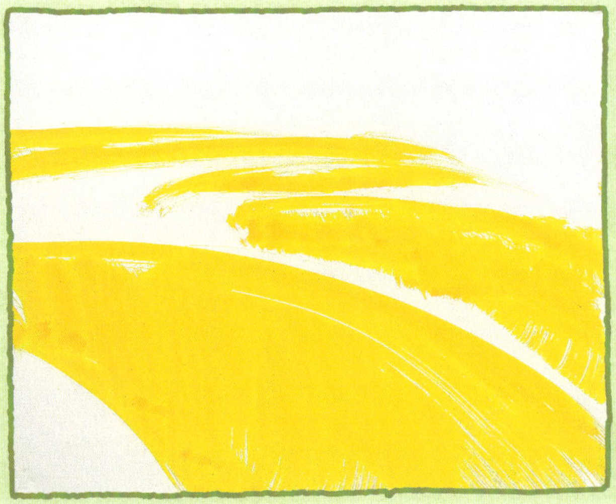

1 Hier wird Airbrush-Farbe in Basis Gelb mit dem breiten Borstenpinsel aufgetragen. Die Formen werden angeschnitten platziert, d. h. sie reichen gedacht bis über den Bildrand.

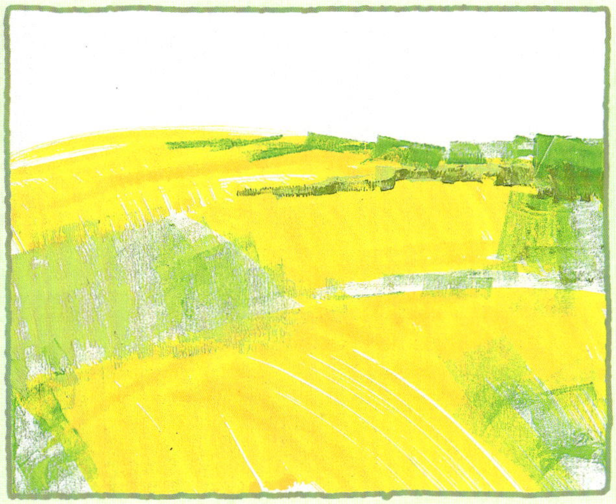

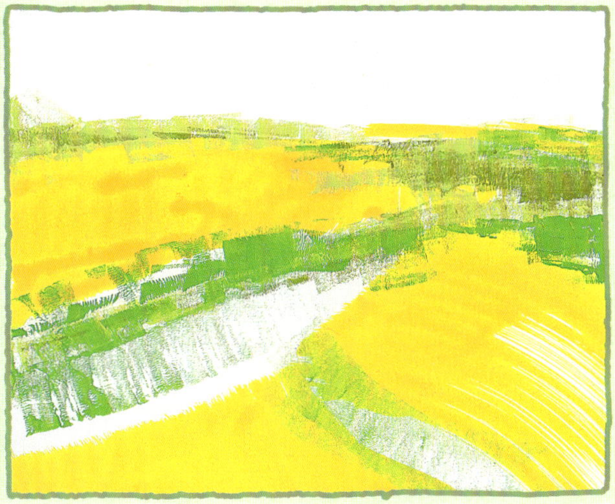

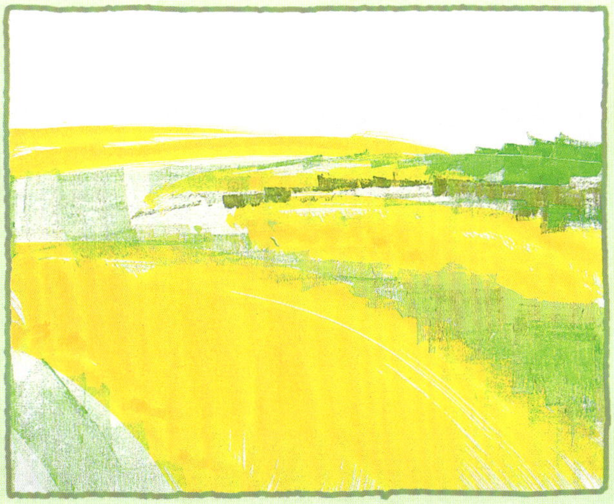

2 Nun walze ich Acrylfarbe in Farn, Olivgrün und Brillantgrün mit der Linolwalze auf. Dadurch erhalten die grünen Flächen etwas mehr Struktur als die gelben.

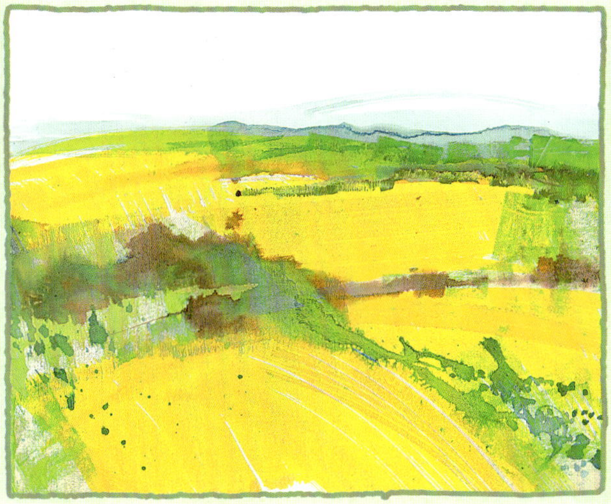

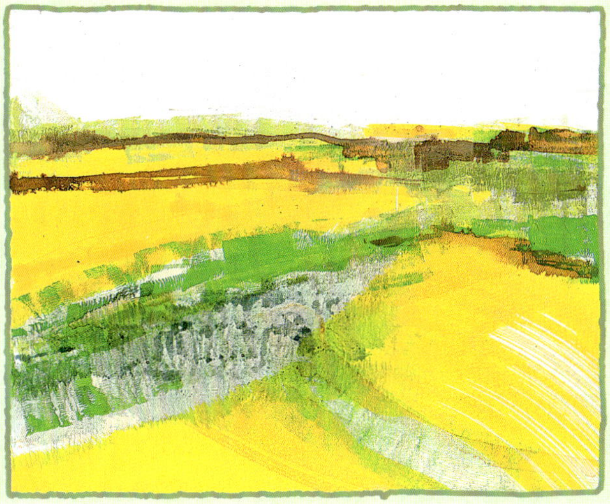

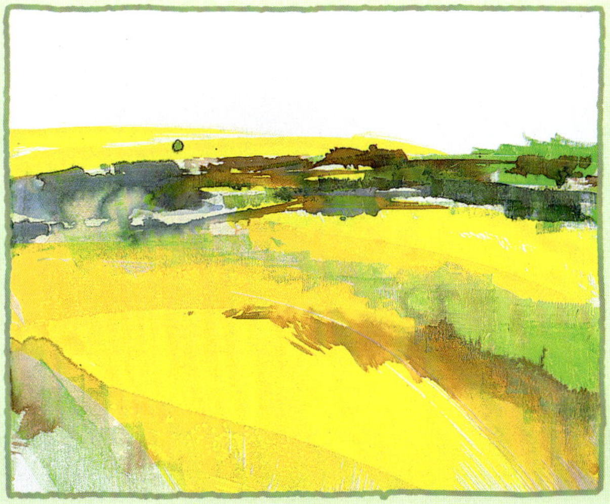

3 Jetzt bringe ich Beize in den Farbtönen Grün, Blau, Kirschbaum, Gelb und Eiche hell mit einem synthetischen Flachpinsel und der Spritzflasche auf.

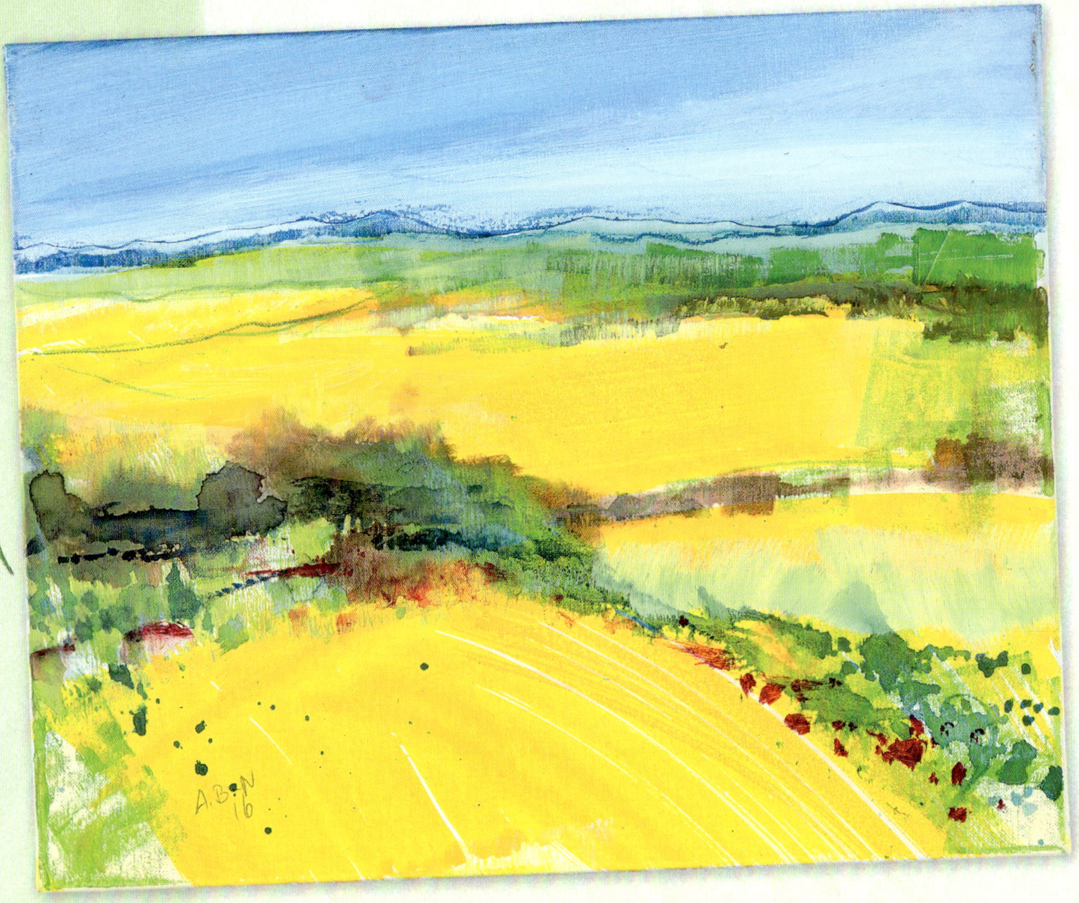

4 Den Himmel male ich mit dem Borstenpinsel und blauem Pigment mit Acrylemulsion in verschiedenen Verdünnungsgraden.

Zum Schluss gebe ich jedem Bild mit dem Pinsel und den Farbtönen Weiß und Elfenbein, Violett und Karminrot eine eigene Stimmung und arbeite einige Details heraus.

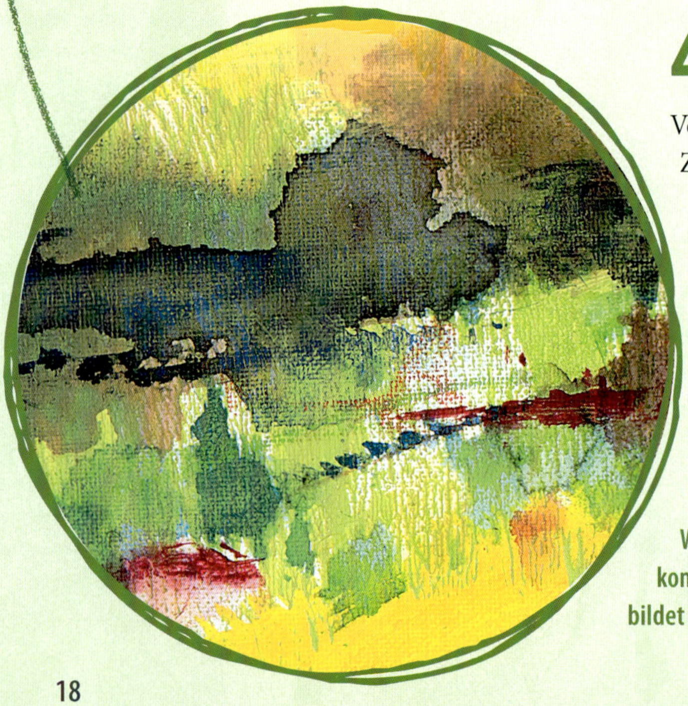

Detail:
Wird die Farbe verdünnt aufgetragen, konzentriert sie sich an den Rändern und bildet Konturen.

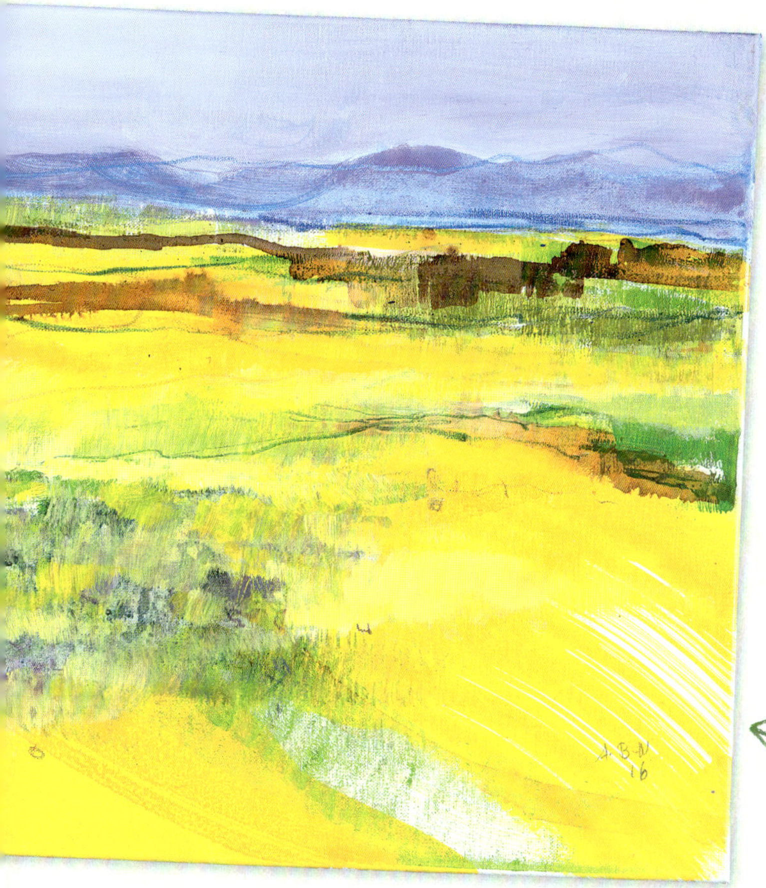

Detail:
Diese typische Struktur entsteht, wenn man mit dem breiten Borstenpinsel wenig flüssige Airbrush-Farbe aufträgt.

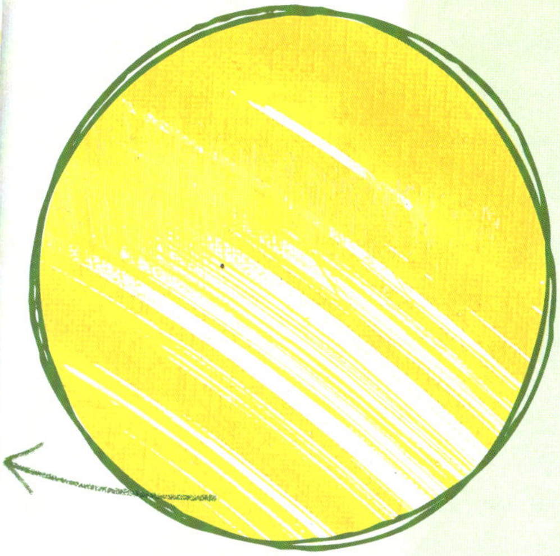

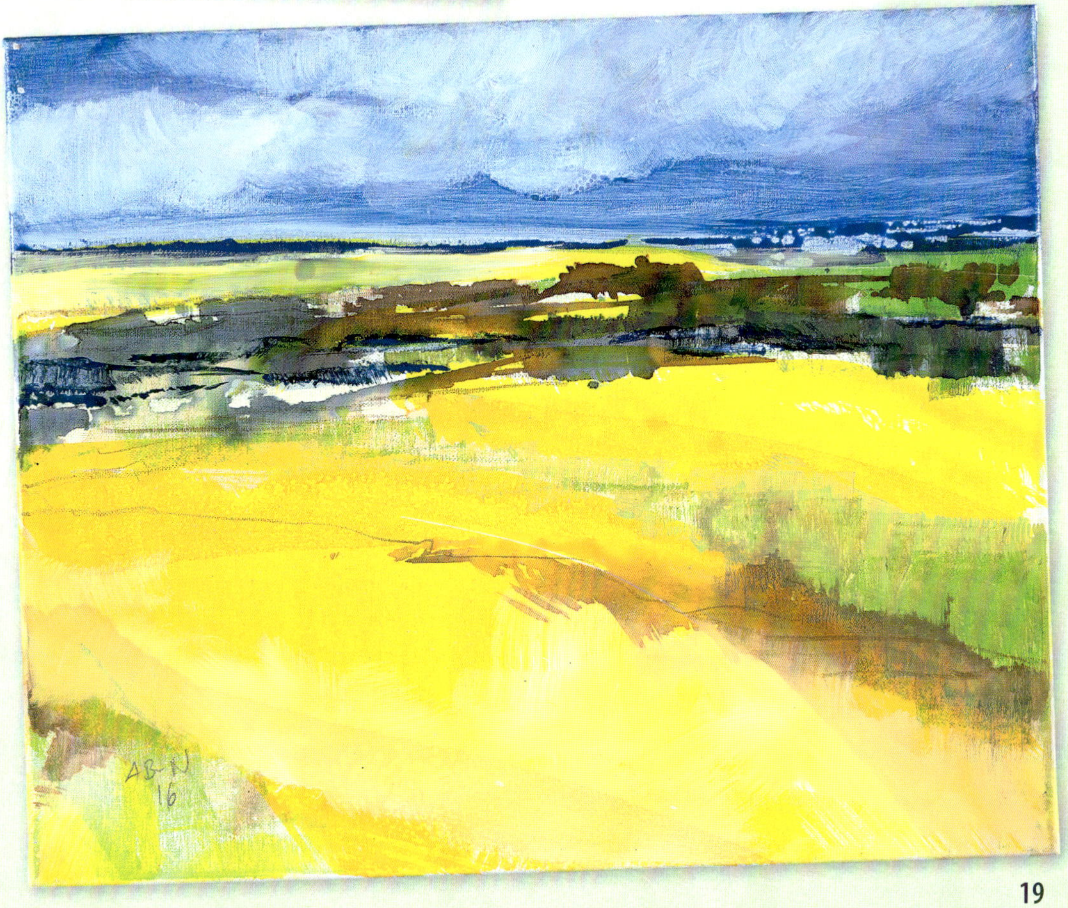

Basiswerkzeug Quast: „Popart mit Schrift"

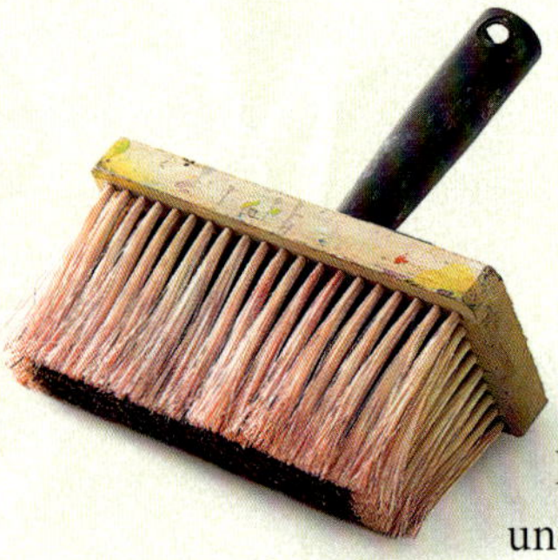

Der **Tapezierquast** ist ein grobes und großflächiges Malwerkzeug, mit dem es einfach ist, Kontrolle abzugeben. Der Quast ist sehr gut geeignet, große Malgründe zu bearbeiten, aber auch bei kleineren Formaten kann gut mit einem Schwung eine Fläche gesetzt werden.

Bei diesem Trio habe ich als Eyecatcher Struktur- und Buchstaben-Schablonen sowie Sprühfarbe eingesetzt. Als **Schablonen** können Lochbleche, Kunststoffgitter, Rutschmatten und vieles mehr genutzt werden oder aber selbstgeschnittene Formen. Die Muster und Schriften passen gut zu der etwas kitschigen, bonbonfarbenen Anmutung der Bilder.

Material:

• Leinwände 40 x 50 cm • Acrylfarben in Venezianisch Rosa, Farn, Elfenbein, Paul-Veronese-Grün, Krapplack, Mint und Rosa • Sprühfarben in Weiß, Rosa, Lagunenblau und Purpur • Schablonen • Ölkreide in Grün und Dunkelrot • Tapezierquast • dicker Aquarellpinsel • Borstenpinsel 4" • Gummirakel • Noppenfolie • Tusche in Weiß

1 Die Acrylfarbe Venezianisch Rosa wird etwas mit Wasser verflüssigt und mit dem Quast in einem Schwung aufgetragen.

2 Mit einer breiten Gummirakel im Farbton Farn werden die Flächen weitgehend geschlossen. Als nächstes drucke ich mit Noppenfolie Muster in Elfenbein und Paul-Veronese-Grün auf das Bild.

3 Mit einem sehr dicken Aquarellpinsel füge ich Spuren mit verdünnter Acrylfarbe in Krapplack hinzu. Die Kontraste sind durch die harten Kanten sehr stark.

4 Deswegen kommt jetzt der trockene Pinsel zum Zuge, mit dem ich weiche Übergänge in Mint und Rosa schaffe. Die einzelnen Flächen heben sich nun nicht mehr so stark voneinander ab.

1

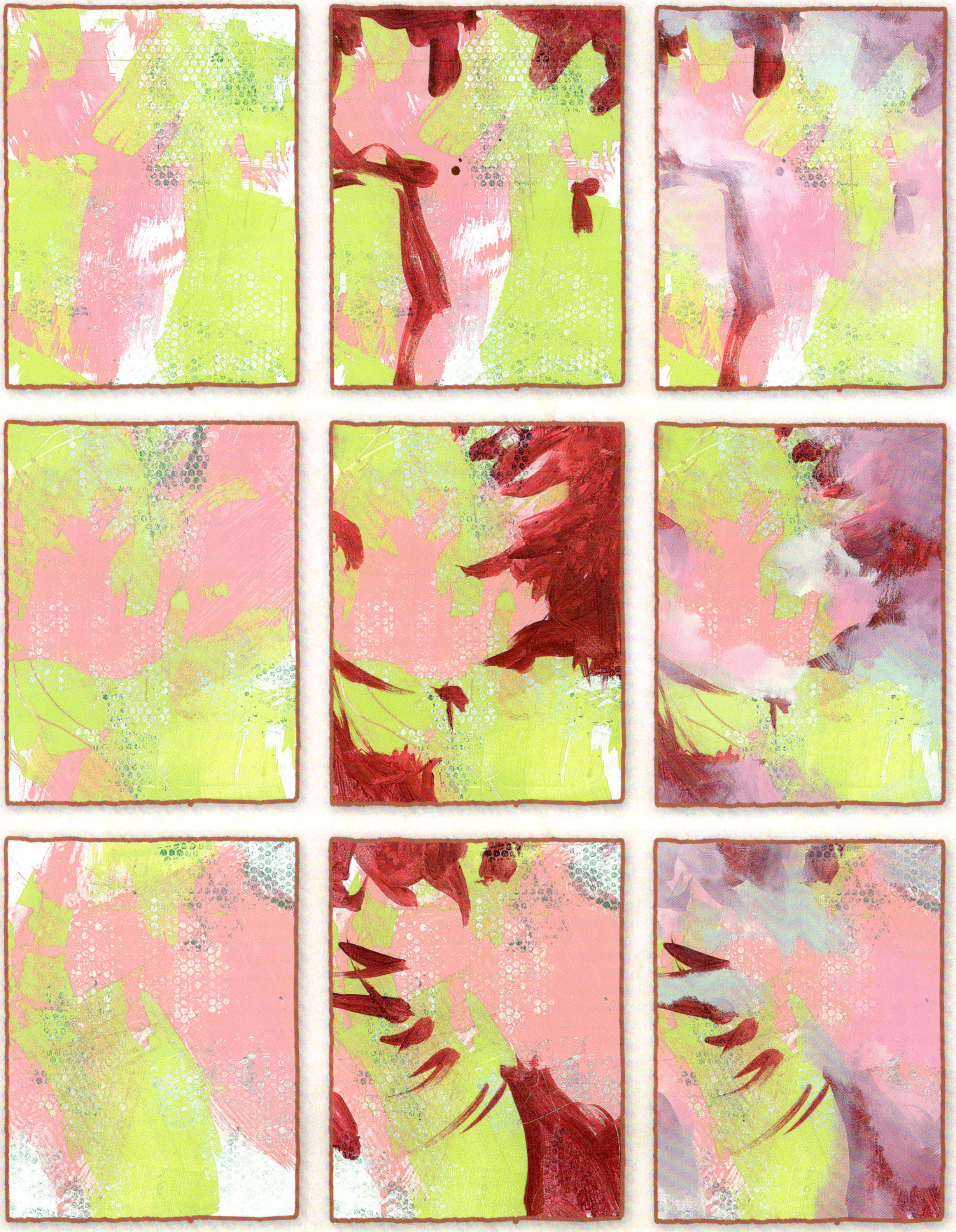

2 3 4

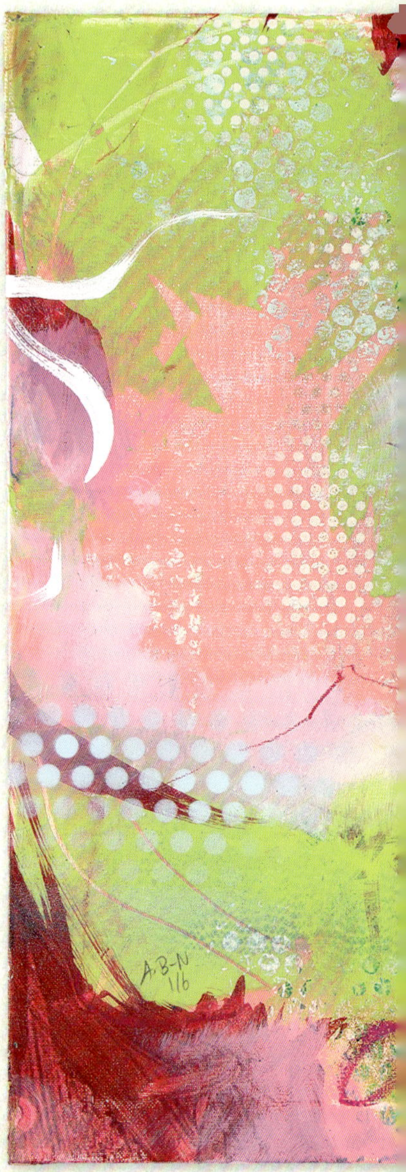

5 Nun schabloniere ich mit Sprühfarbe in Weiß, Rosa, Lagunenblau und Purpur mit Hilfe von verschiedenen Lochblechen und Buchstaben-Schablonen Muster und Wörter auf den Untergrund. Die Komposition vervollständige ich mit Schrift aus Ölpastellkreide und Pinsellinien in weißer Tusche.

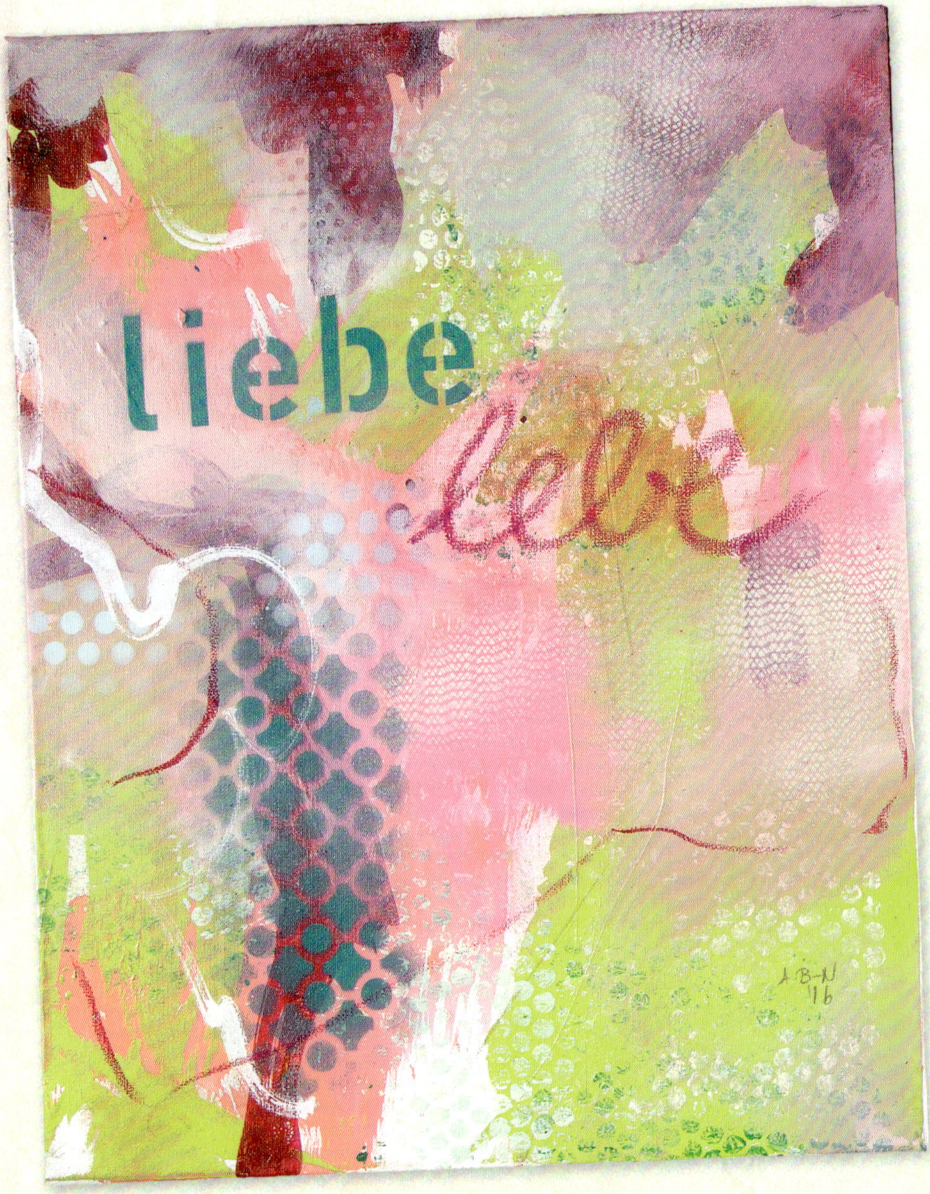

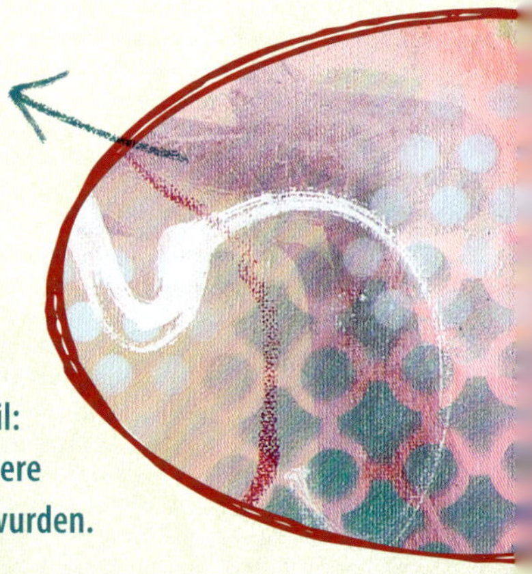

Detail:
Pinsellinien (hier in Weiß) erzeugen eine völlig andere Anmutung als Linien, die mit dem Stift gezogen wurden.

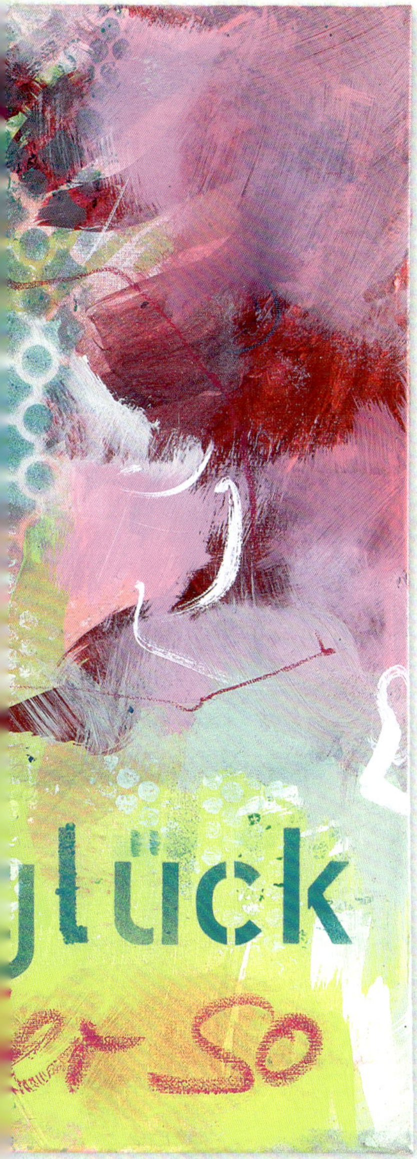

Detail:
Die Strukturen wurden schabloniert und in Weiß gesprüht (feines Lochblech) und in Türkis gedruckt (Noppenfolie).

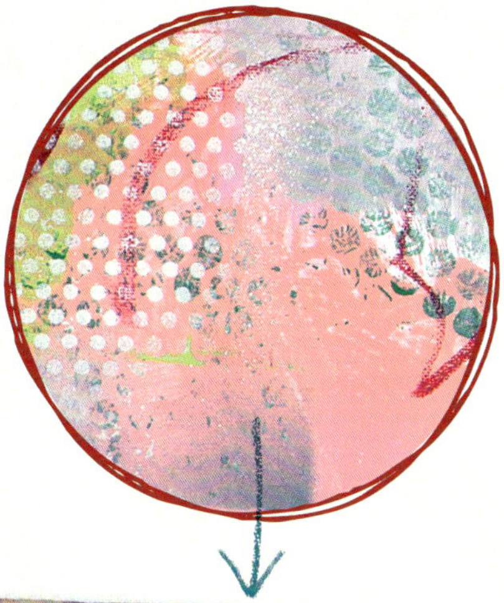

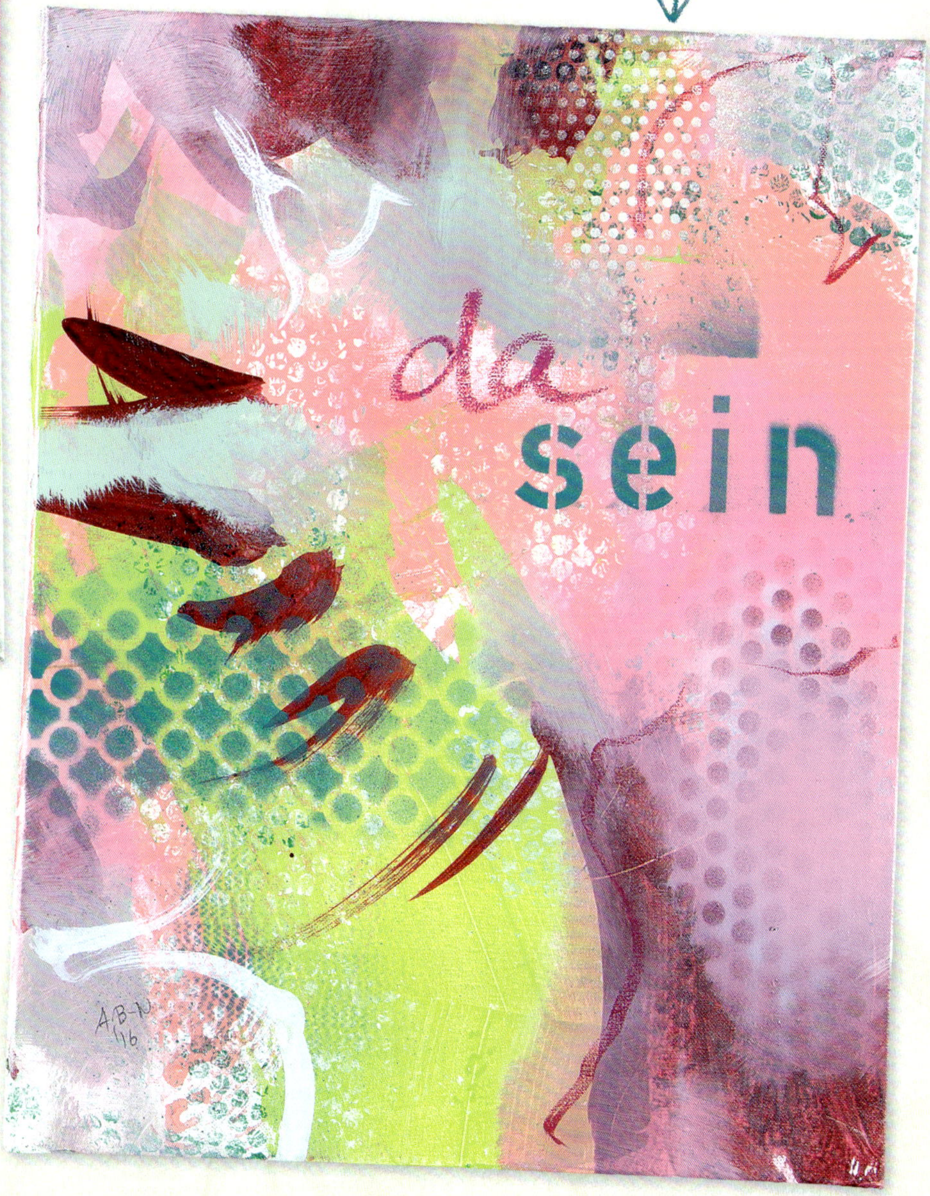

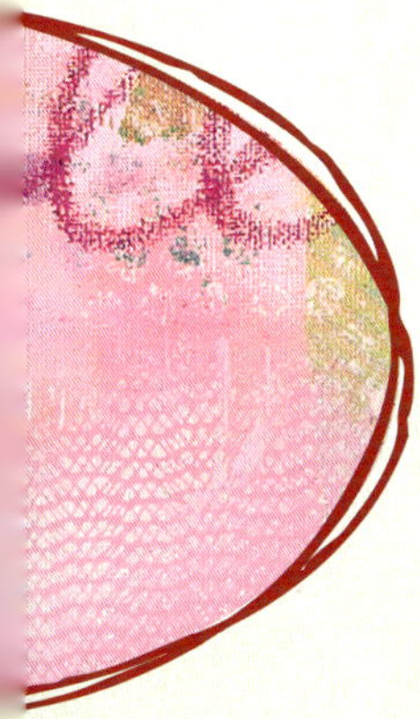

Basiswerkzeug Schaumstoffwalze: „Unter Wasser“

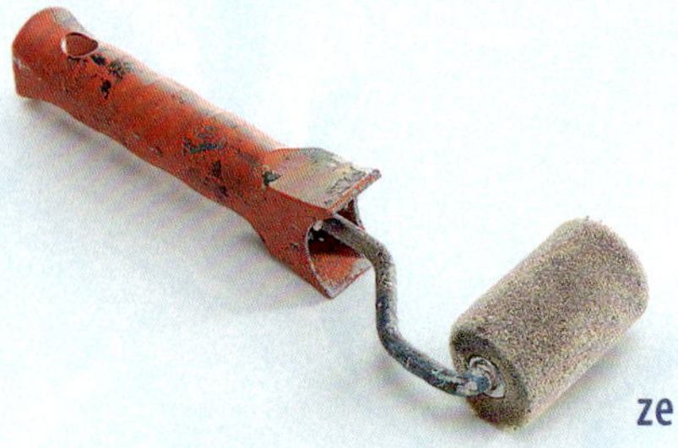

Diese Arbeit lebt von der Spannung, die durch den Kontrast der warmen Rosttöne zu den kühleren Blau- und Türkistönen entsteht. Mit der **Schaumstoffwalze** können sehr gut klare Formen aufgewalzt werden, die aber dennoch leichte Strukturen und Unterschiede im Farbauftrag aufweisen.
Die einfachste und preiswerteste Methode, **Rost herzustellen**, ist die Verwendung von Eisenpulver, Acrylbinder und Oxidationsmittel. Diese Mischung kann nach Bedarf mit Wasser verdünnt werden, damit es hellere Rostflächen ergibt. Sobald Eisenpulver und Acrylbinder mit dem Oxidationsmittel besprüht werden, setzt nach einigen Minuten der Umwandlungsprozess ein. Die gesamte Dauer der Oxidation ist abhängig von der Dicke des Auftrags und kann ein paar Stunden in Anspruch nehmen. Bei Bedarf kann nachgesprüht werden.
Wenn nach der Oxidation verschiedene Farblasuren über die Rostflächen gelegt werden, ergeben sich wunderbare Farbklänge mit der rostigen Farbigkeit, die sanft durch die Lasur hindurchschimmert.

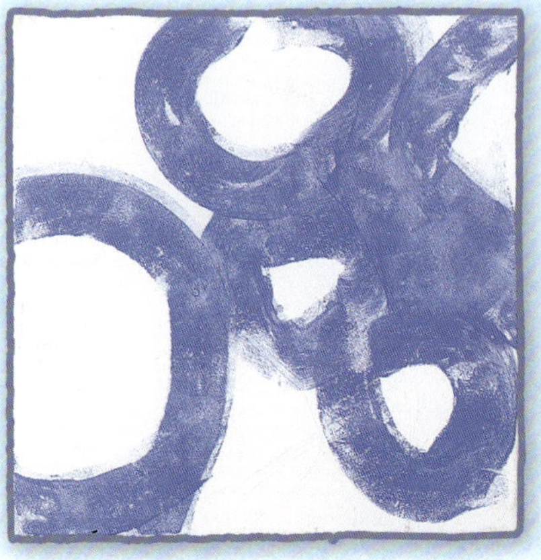

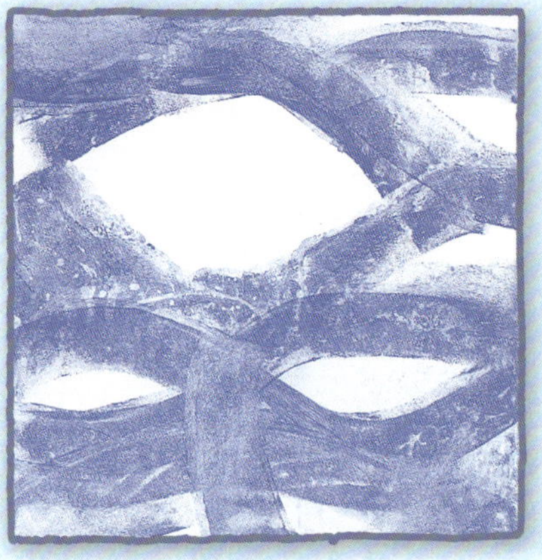

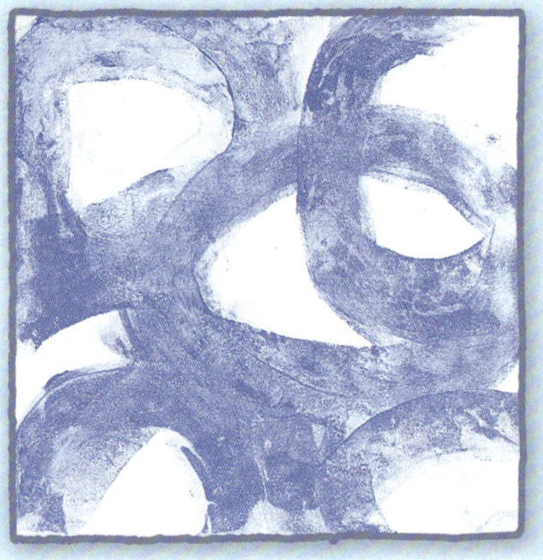

Material:
• Leinwände 40 x 40 cm • Acrylfarben in Kobaltblau hell, Türkisgrün, Hellgrau, Titanweiß und Phthaloblau • Eisenpulver • Acrylbinder • Oxidationsmittel • Sprühflasche • Beize in Weiß • Pipette • Borstenpinsel 3“ • Synthetikpinsel 1,5“ • schmale Schaumstoffwalze • Linolwalze • Glasplatte

1 Ich beginne mit ersten Formen aus Acrylfarbe in Kobaltblau hell. Die Schaumstoffwalze hinterlässt andere Strukturen als die Linolwalze (vgl. S. 16), und die hier von mir verwendete ist zudem schmaler.

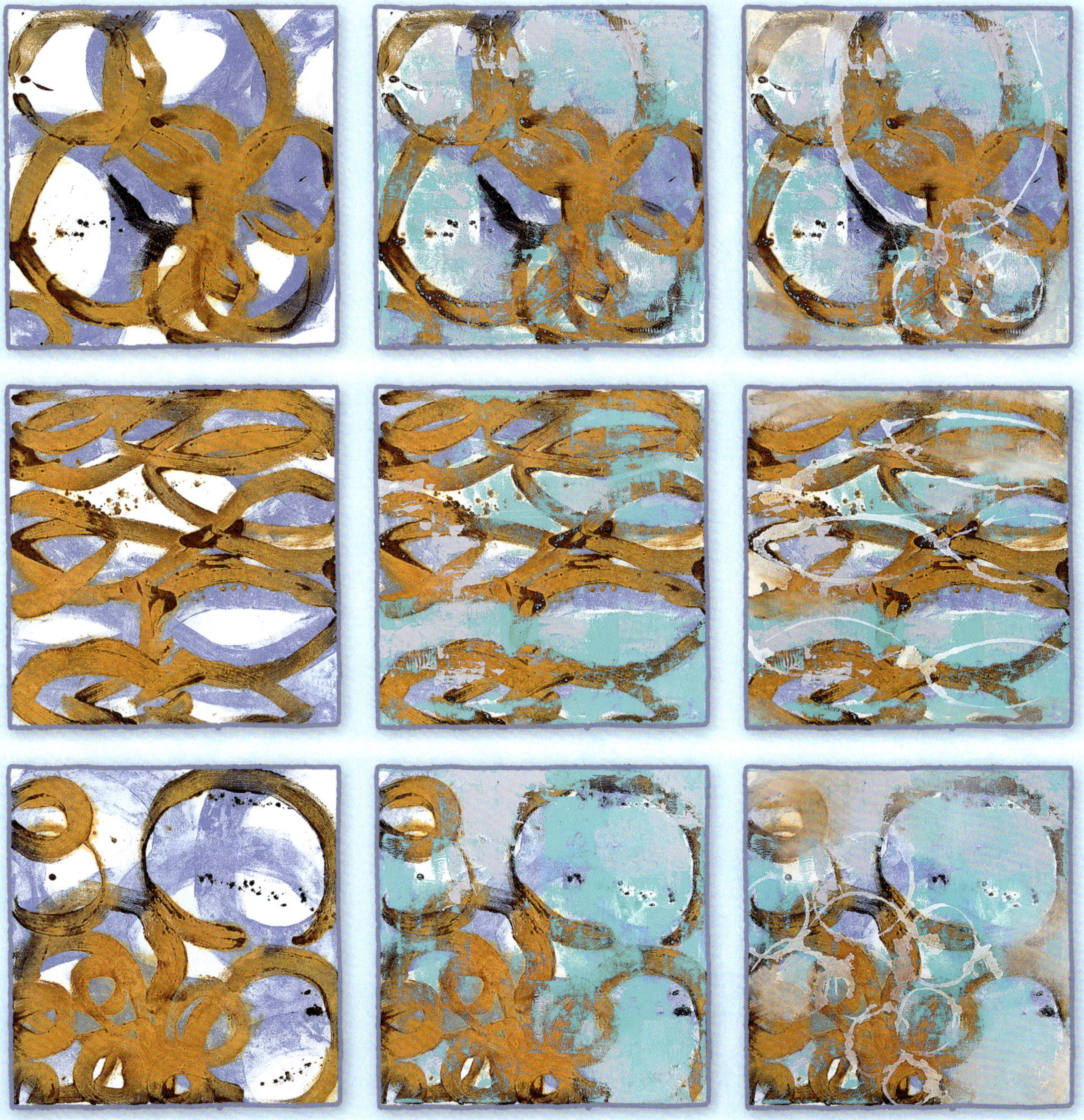

2 In der nächsten Schicht bringe ich ähnliche Formen auf, allerdings diesmal aus Eisenpulver und Acrylbinder, den ich mit etwas Wasser verdünnt habe. Dann wird das Ganze gut mit dem Oxidationsmittel angesprüht und einige Zeit abgewartet, bis der Oxidationsprozess das gewünschte Ergebnis erreicht hat.

3 Mit der Linolwalze und Acrylfarbe in Türkisgrün und Hellgrau walze ich über die noch weißen Stellen und zum Teil auch über die schon entstandenen Formen. Der Rost schlägt leicht durch diese Farbschicht hindurch und ergibt zart rostige Nuancen.

4 Nun fehlt mir die Helligkeit als Kontrast. Deshalb entscheide ich mich dazu, weiße Beize mit der Pipette in gerundeten Formen aufzuspritzen und Titanweiß mit trockenem Pinsel aufzureiben.

5 Jetzt möchte ich noch Tiefe in die Bilder bringen und trage daher als letztes mit dem Borstenpinsel Phthaloblau als verdünnte Farbe (Lasur) auf.

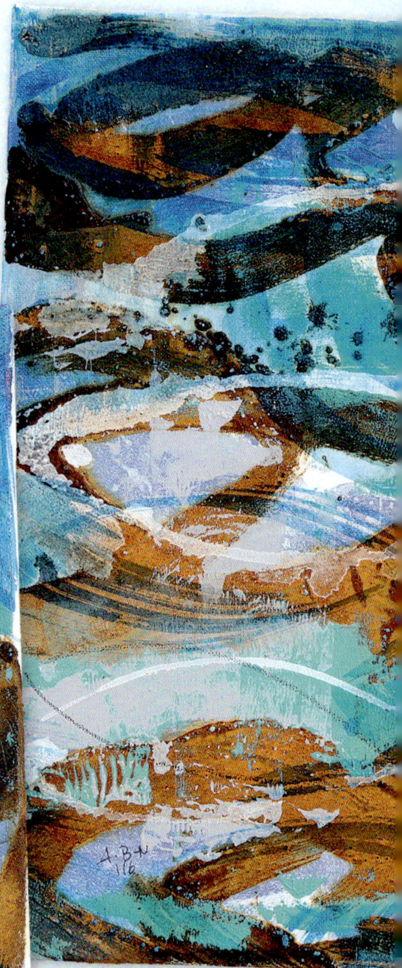

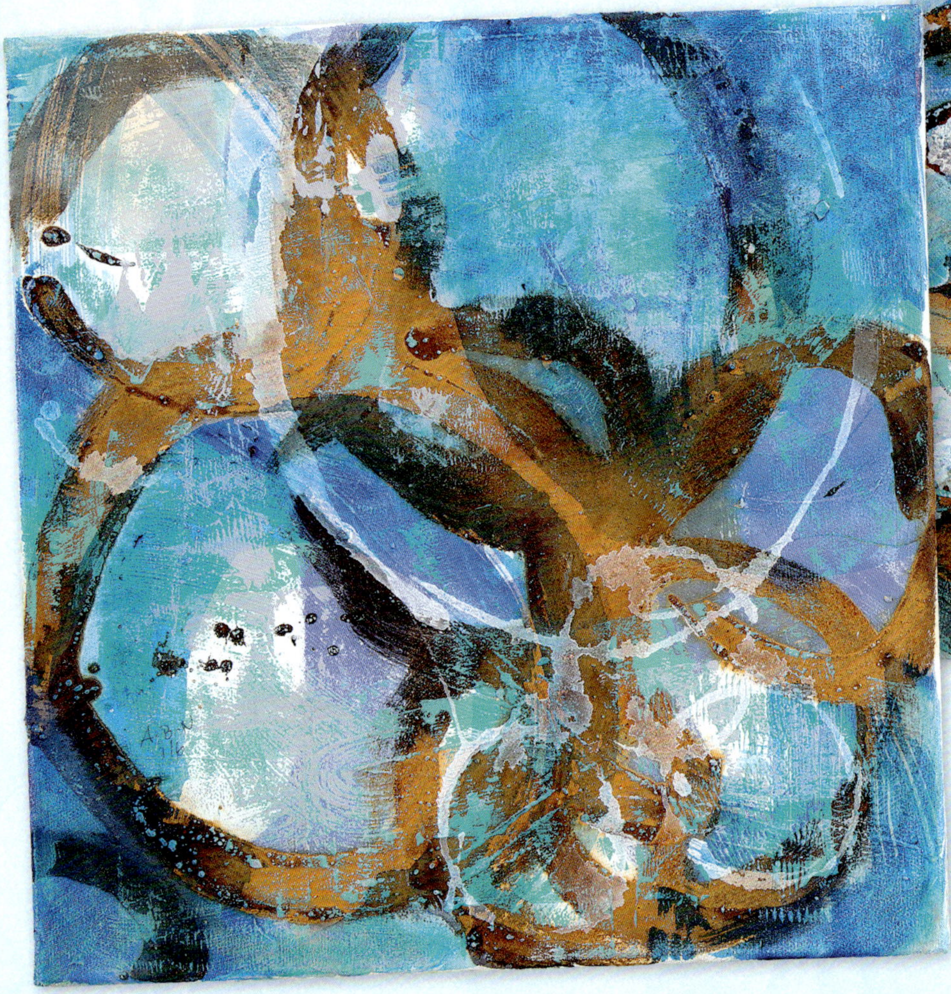

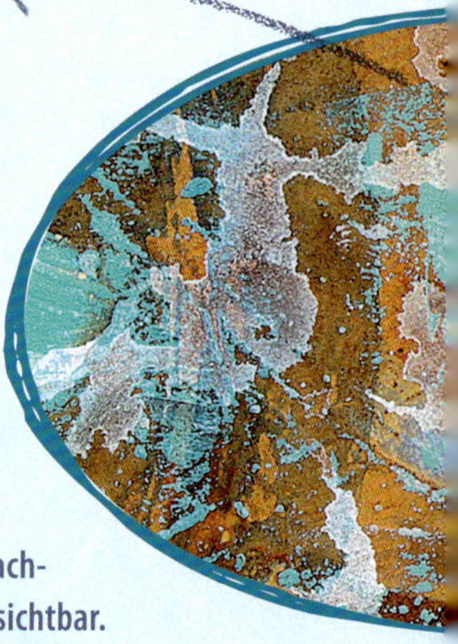

Detail:
Die aufgespritzte weiße Beize ist leicht transparent und die rostigen Formen schlagen farblich durch. Auch die dünn mit der Linolwalze aufgebrachten Flächen lassen den Untergrund sichtbar.

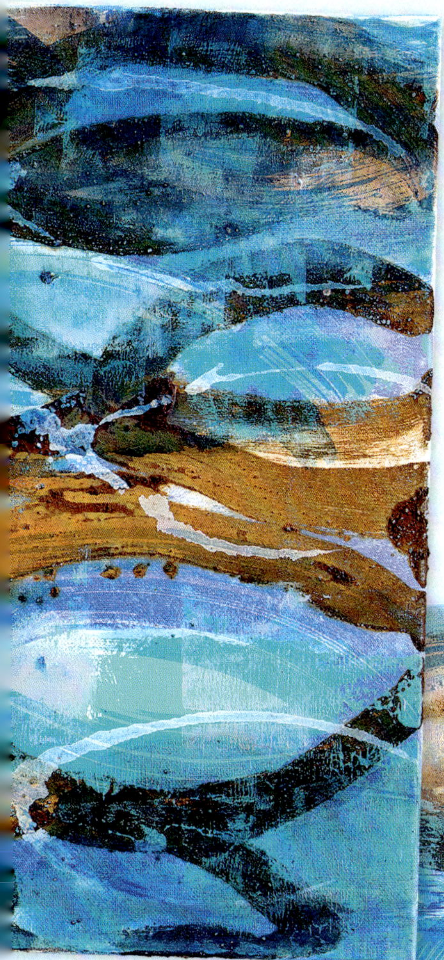

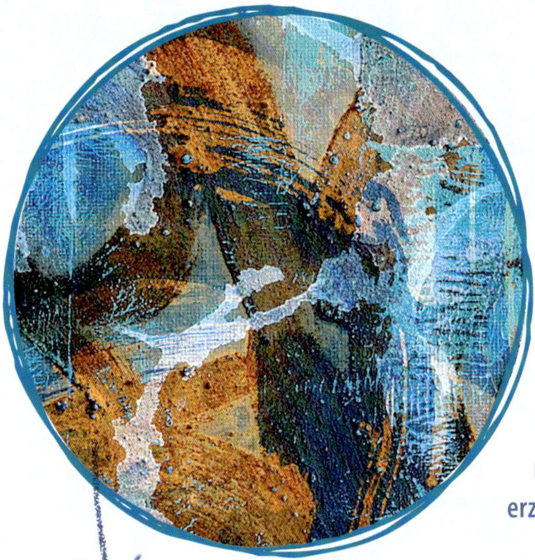

Detail:
Die blauen Lasuren mischen sich mit den rostigen Tönen und erzeugen viel Tiefe im Bild.

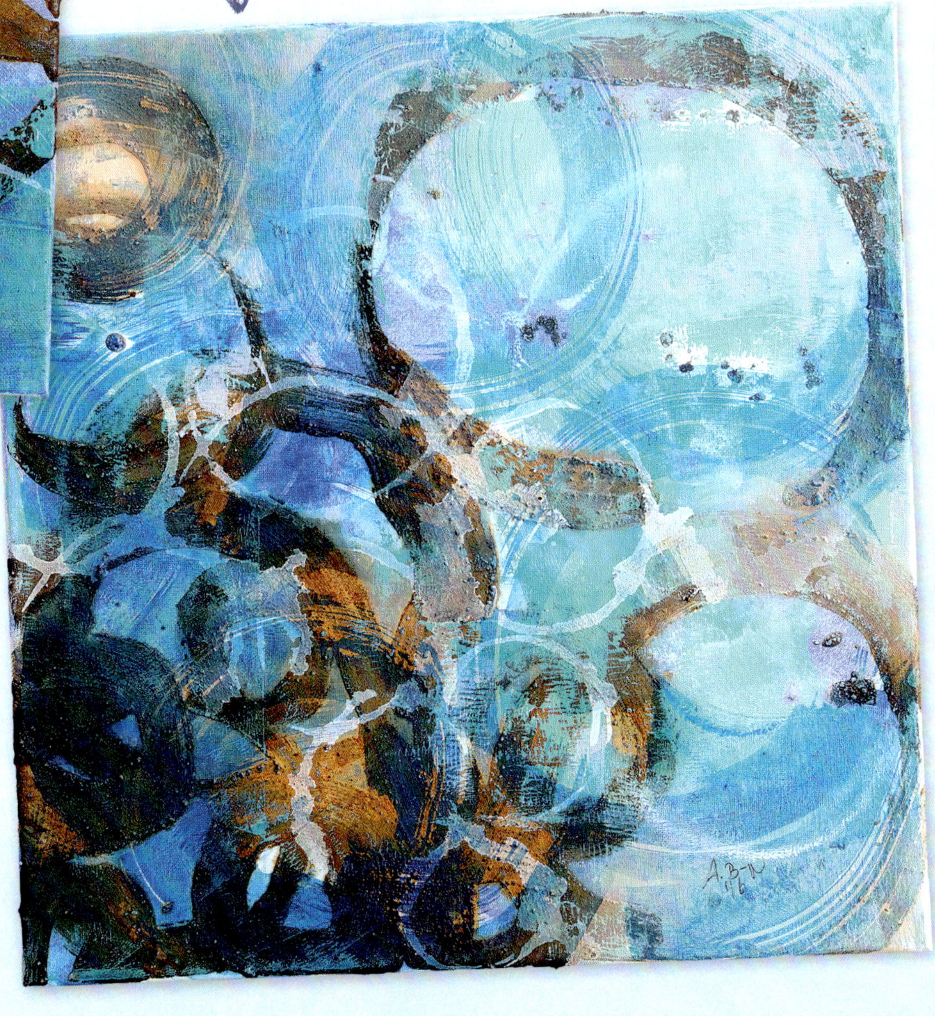

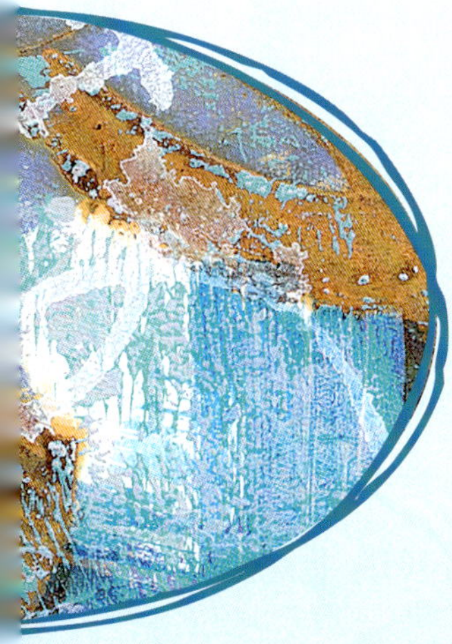

Grundtechnik Schüttung: „Florales“

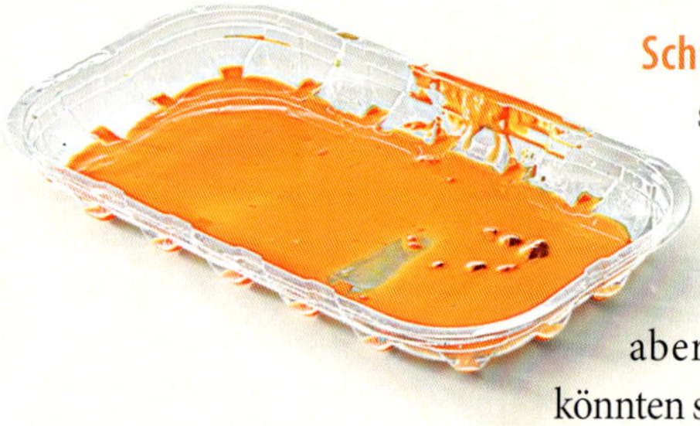

Schüttungen mit flüssiger Acrylfarbe sind ein gutes Mittel, intuitiv in die Form zu kommen. Sie eignen sich für organische, florale Formen ebenso wie für abstrakte Arbeiten, aber auch abstrahierte Landschaften könnten so entstehen. Spannend wird es, wenn die Farben sich vermischen und neue Farbtöne entstehen. Daher sollten Sie für Schüttungen nur Farben verwenden, deren Mischtöne Sie mögen. Ich würde daher keine Komplementärfarben wählen, da so die Farbtöne sehr stark gebrochen werden und eintrüben. Besser geeignet sind zwei Primärfarben, bzw. Farben, die im Farbkreis nebeneinander liegen, und eine Farbe zum Aufhellen, zum Beispiel Elfenbein oder Hellgrau.

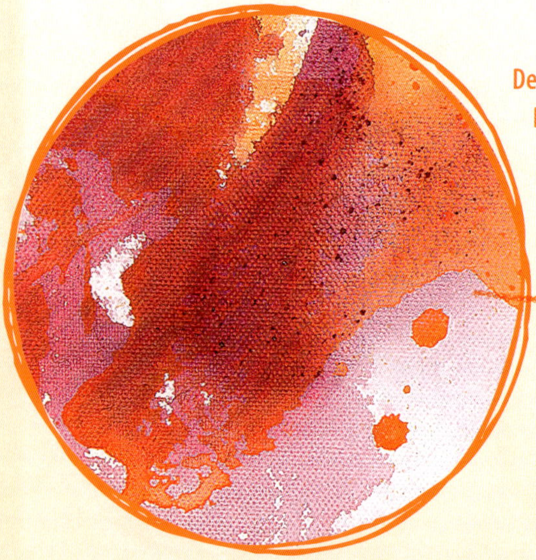

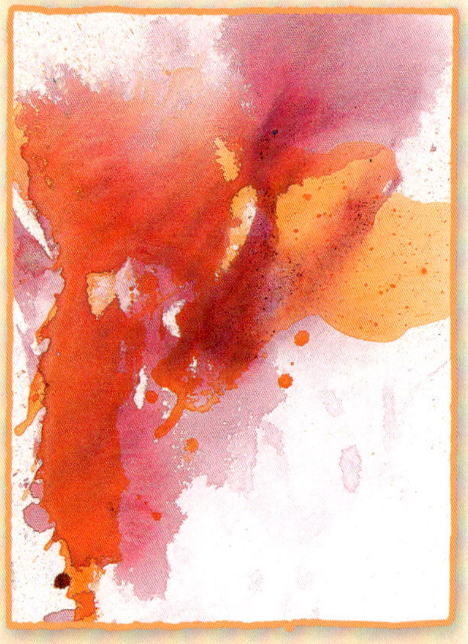

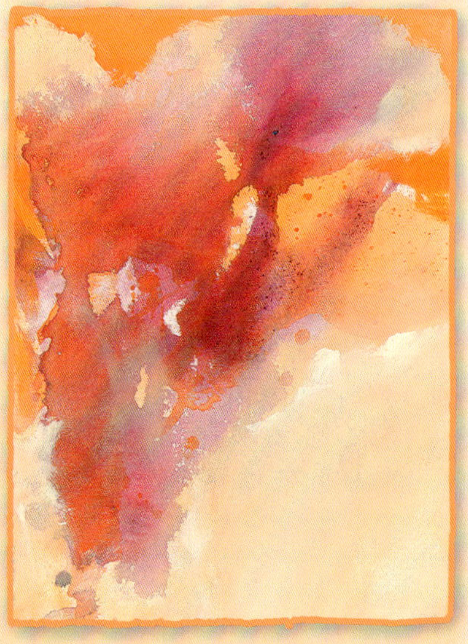

Detail:
Die nass in nass ineinander laufenden Farben erzeugen viele schöne Mischtöne und weiche Farbübergänge.

Material:

• Leinwände 30 x 40 cm • Acrylfarben in Azo-Orange, Krapplack, Weiß, Elfenbein und Orange • Tusche in Indigo und Magenta • Airbrush-Farben in Weiß und Krapprot hell • Gefäß für die Schüttungen • Chinesischer Tuschepinsel • Borstenpinsel 4“ • Linierer • Sprühflasche mit Wasser • Pipette

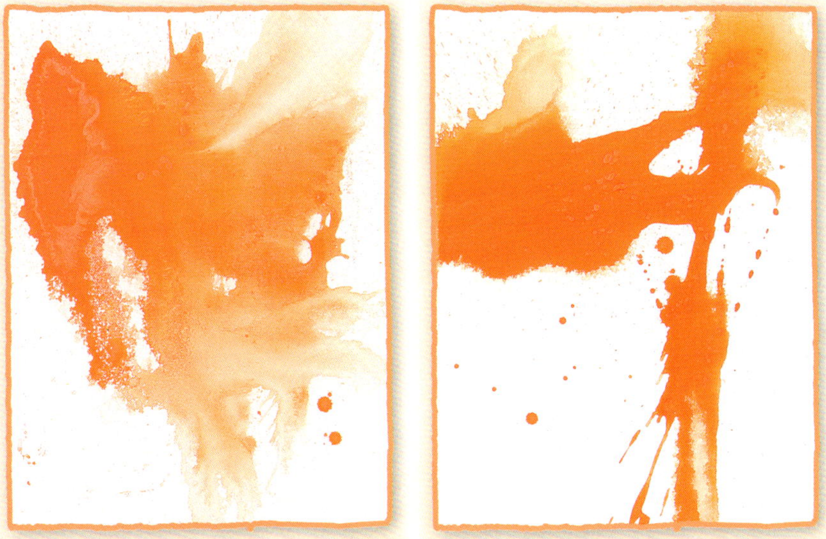

1 In einer alten Kunststoffverpackung verrühre ich Acrylfarbe in Azo-Orange mit Wasser und gieße sie über die Leinwand. Die Kanten sprühe ich zum Teil etwas an, sodass die Farbe verfließt.

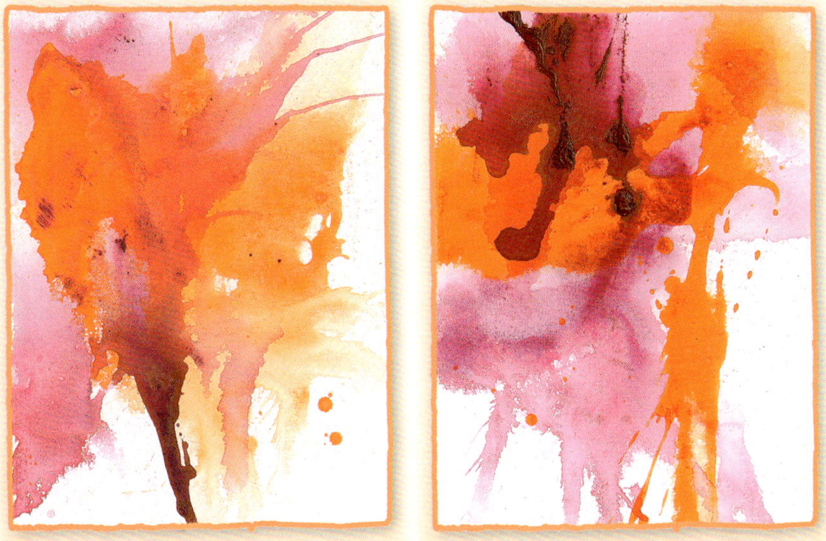

2 Jetzt kommt der eigentliche spannende Augenblick: Ich gieße eine zweite Schüttung aus verdünnter Acrylfarbe in Krapplack neben die orangefarbene Fläche und sprühe auch die rote Fläche in einigen Bereichen an. Die Farben fließen ineinander, neue Töne und Formen entstehen.

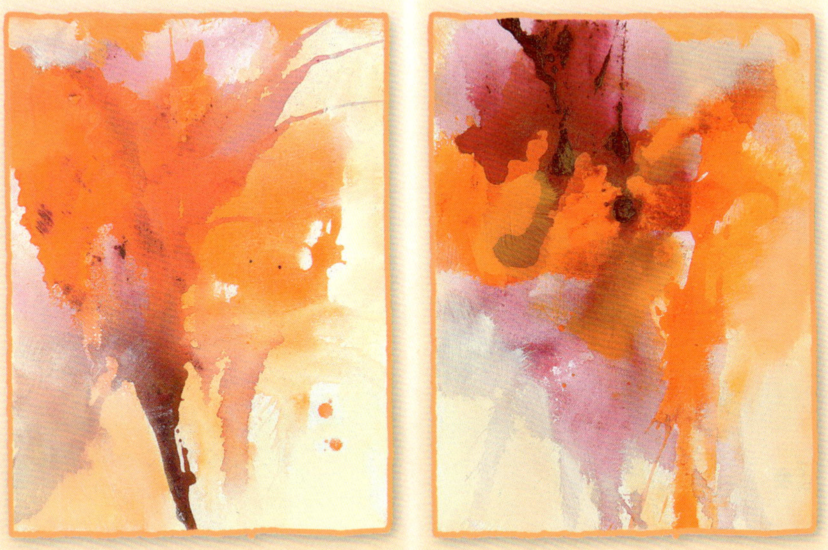

3 Nachdem diese Schichten getrocknet sind, ziehe ich mit dem breiten Borstenpinsel Acrylfarbe in Weiß, Elfenbein und Orange in den Hintergrund und arbeite weiche Übergänge ein.

4 Die entstandenen floralen Elemente werden mit dem Chinesischen Tuschepinsel und Acrylfarbe in Krapplack (etwas verdünnt, damit sie fließfähig ist) verstärkt. Außerdem bringe ich mit der Pipette Tusche in Indigo und Magenta auf und sprühe diese wieder stellenweise an. Zum Abschluss zeichne ich mit dem Linierer Airbrush-Farbe in Weiß und Krapprot hell ein, um eine Konzentration im Bild zu erzielen.

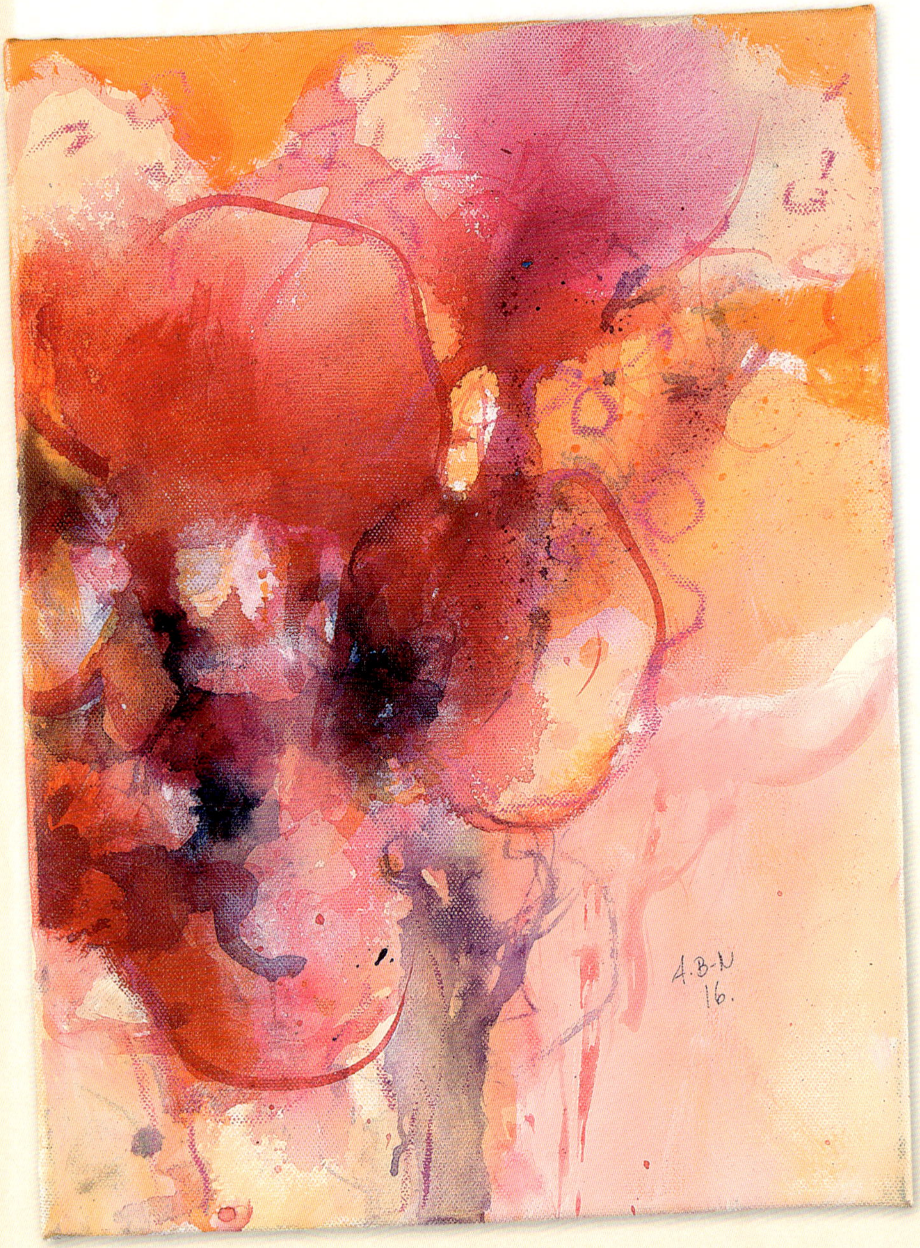

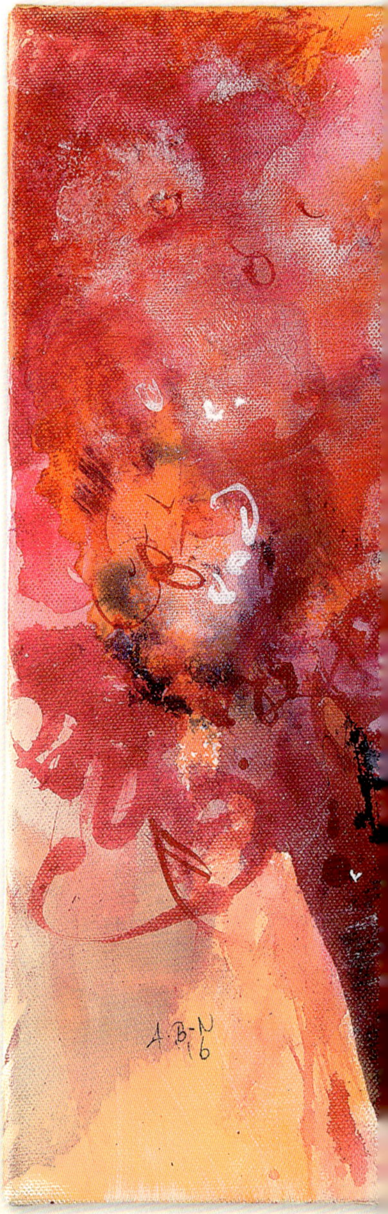

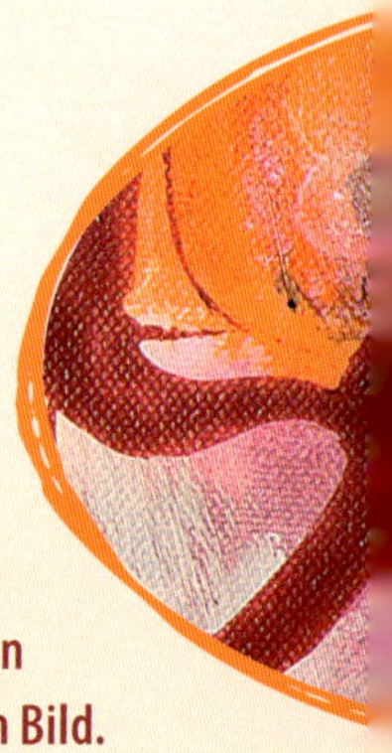

Detail:
Der Kontrast zwischen dicken und dünnen Pinsellinien, Strukturen und weichen Übergängen erhöht die Spannung im Bild.

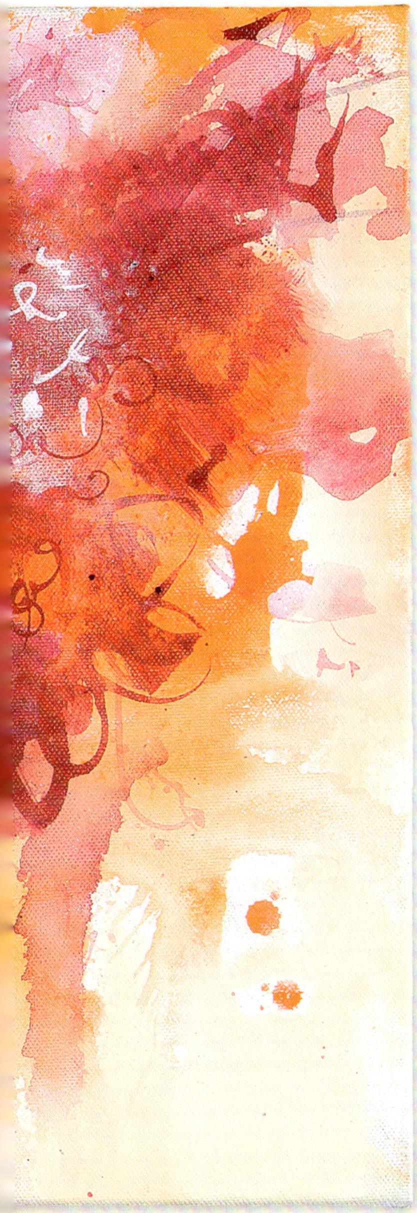

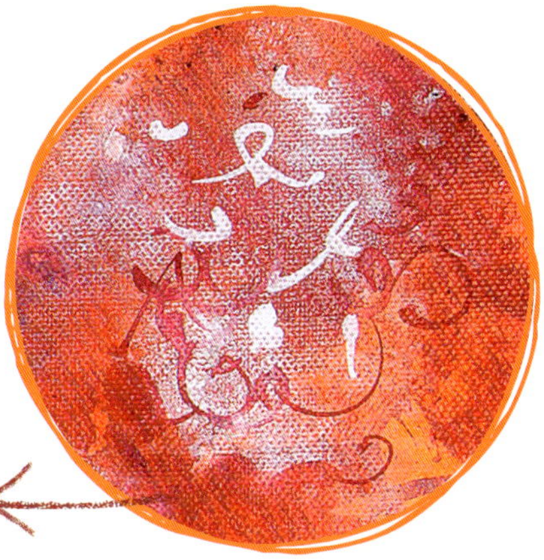

Detail:
Mit dem Linierer gezeichnete, angedeutete Blütenbätter verleihen dem Bild Leichtigkeit.

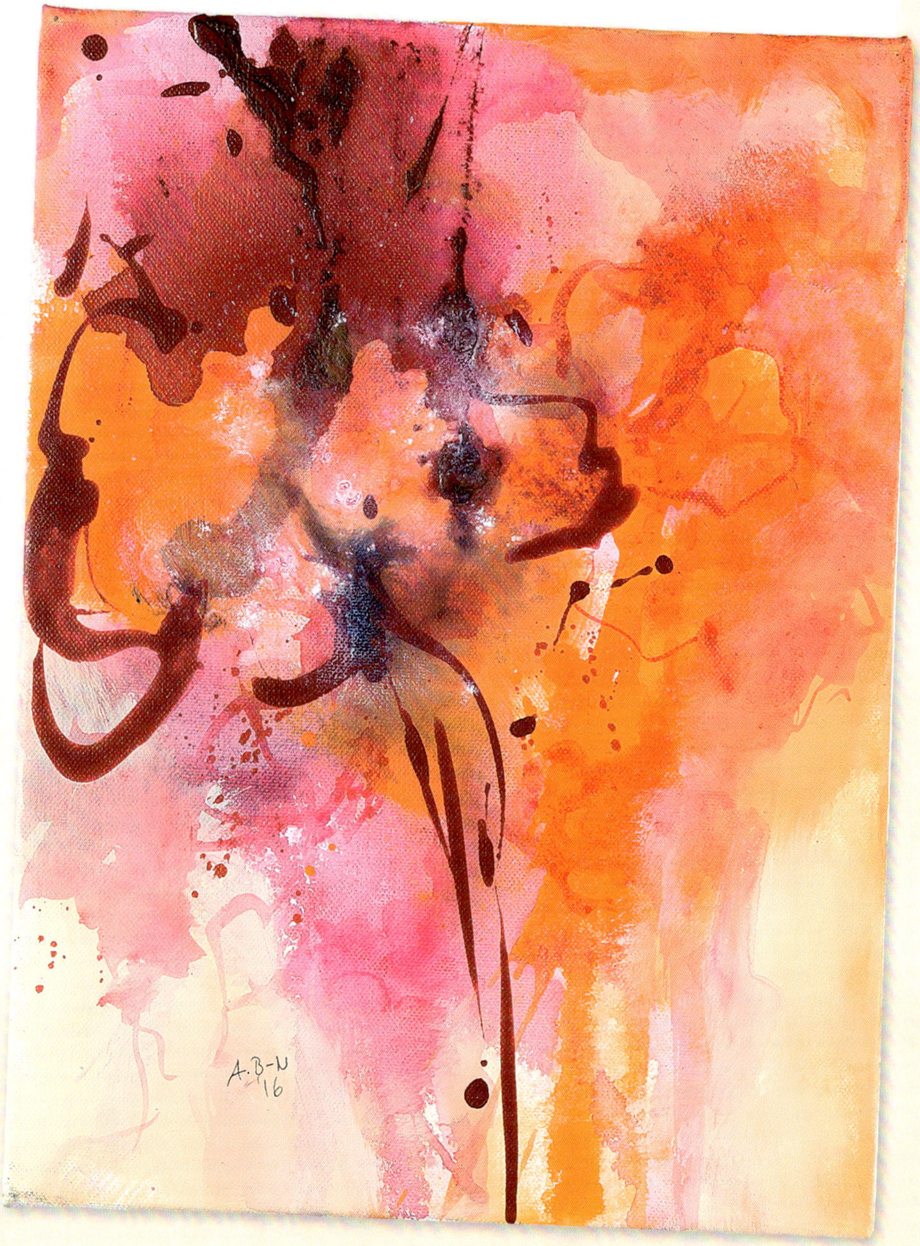

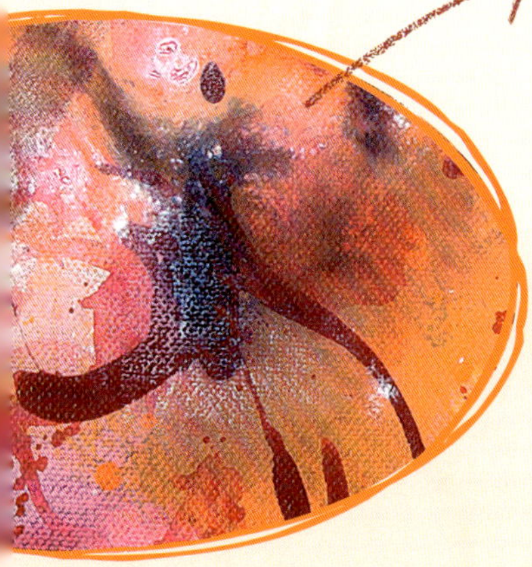

Basiswerkzeug Linolwalze: „Abstrahierte Landschaft“

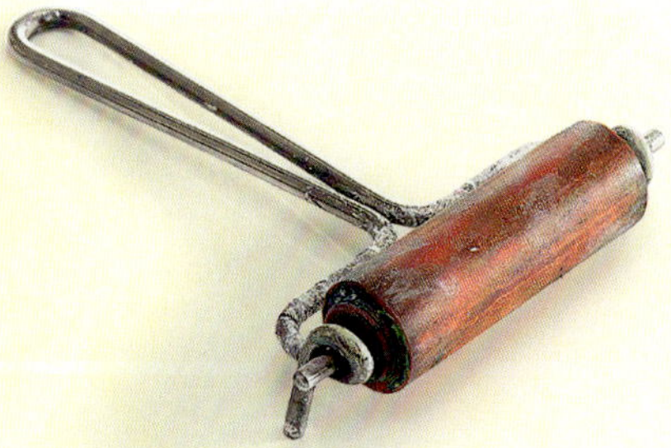

Material:

- *Leinwände 30 x 60 cm* • *Acrylfarben in Goldocker, Goldgelb, Kieselgrau, Elfenbein, Azo-Orange und Himmelblau hell*
- *Schellack und Pipette* • *Tusche in Umbra* • *Linolwalze und Glasplatte* • *Colour Shaper* • *Borstenpinsel 3“*

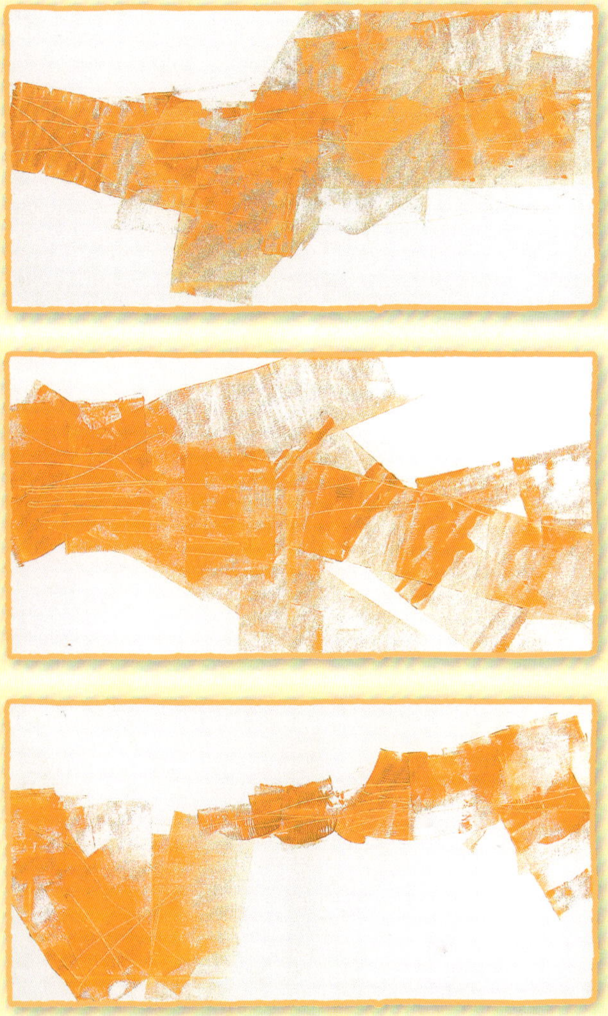

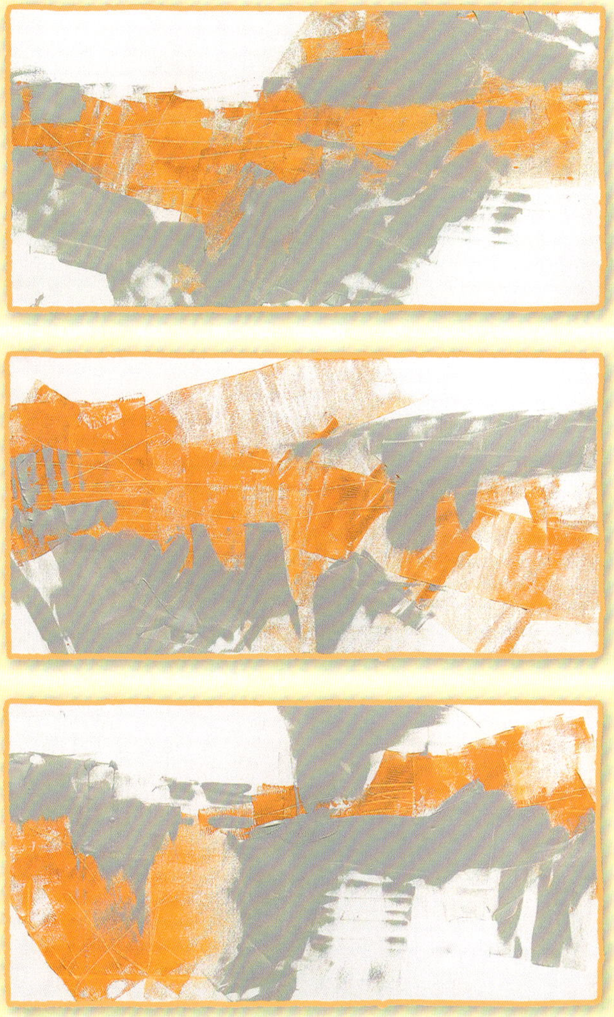

1 Ich beginne mit Acrylfarbe in Goldocker und walze unterschiedlich dick über das extreme Querformat der Leinwand. Die Form ist waagerecht platziert und geht über den Bildrand hinaus.

2 Mit dem scharfkantigen, breiten Colour Shaper setze ich pastose Acrylfarbe in Kieselgrau hinzu. Die Flächen sind kompakter und weniger strukturiert als die erste Schicht.

Die **Linolwalze** ist eine harte Gummiwalze, die in verschiedenen Breiten erhältlich ist. Zunächst wird die Walze auf einer Glasplatte mit den betreffenden Acrylfarben gleichmäßig eingewalzt, damit später auf dem Malgrund keine unerwünschten Musterrapporte entstehen. Durch die Härte der Walze und der Glasplatte ergeben sich beim Einwalzen spezielle Strukturen, die ähnlich auch beim Glasplattendruck entstehen. Beim Walzen von großen Leinwänden gebe ich die Farbe auch schon einmal direkt auf die Leinwand. Mit der Linolwalze kann bei der Verwendung von viel Farbe deckend, bei der Verwendung von wenig Farbe dünn und durchscheinend gearbeitet werden. Durch diese Transparenz werden die verschiedenen Mischtöne der Strukturen besonders vielschichtig. Zudem kann die Walze als Druckstempel verwendet werden, um Rhythmen aufzubringen.

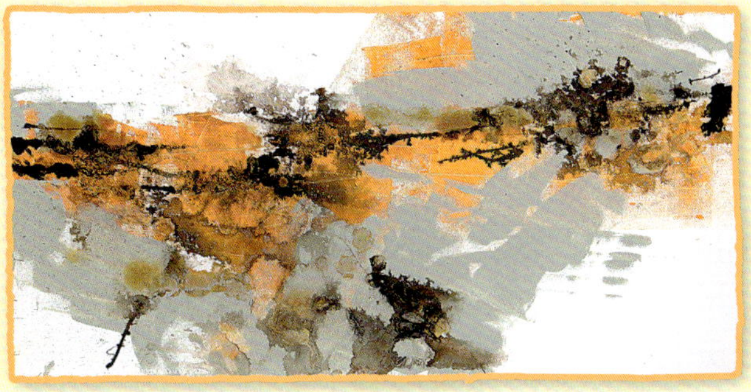

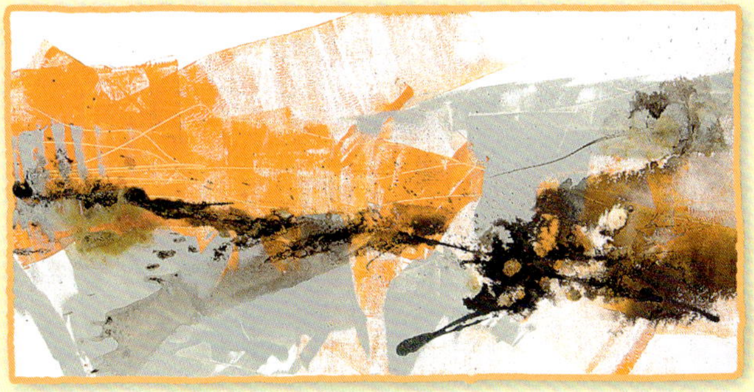

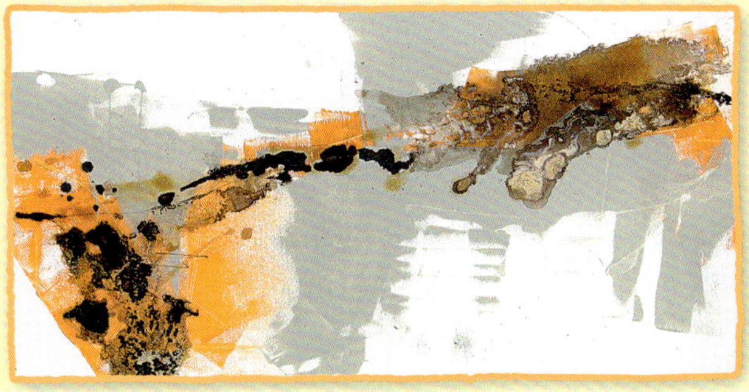

3 Um die Komposition etwas zu beleben, entscheide ich mich, Schellack und Tusche in Umbra mit der Pipette aufzuspritzen. Diese Materialien stoßen sich gegenseitig ab und bilden Strukturen ähnlich einer Marmorierung (mehr dazu im Kapitel „Struktur“).

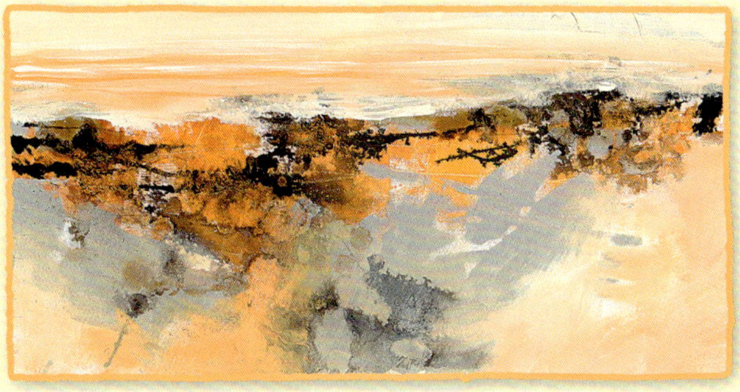

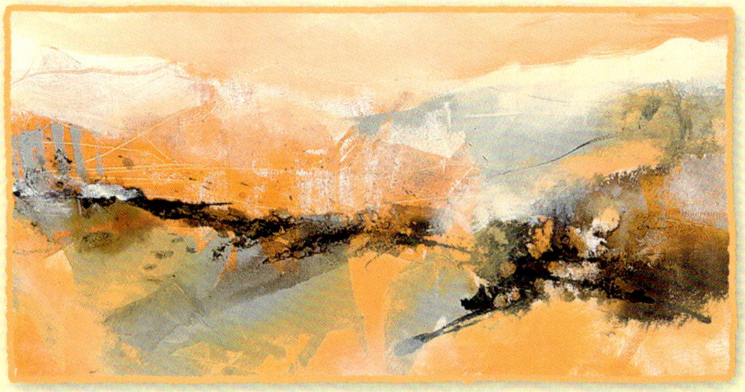

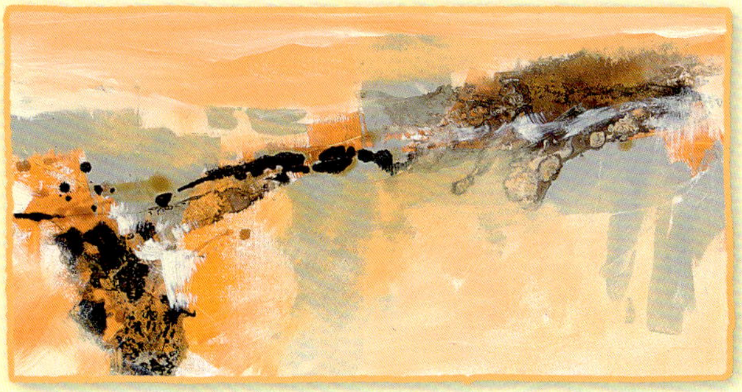

4 Nun erfolgt mit Acrylfarbe in Goldgelb und Elfenbein und einem mittelbreiten (ca. 8 cm) Borstenpinsel ein trockener Farbauftrag (also ohne Wasser), um die Hintergrundflächen einzubinden.

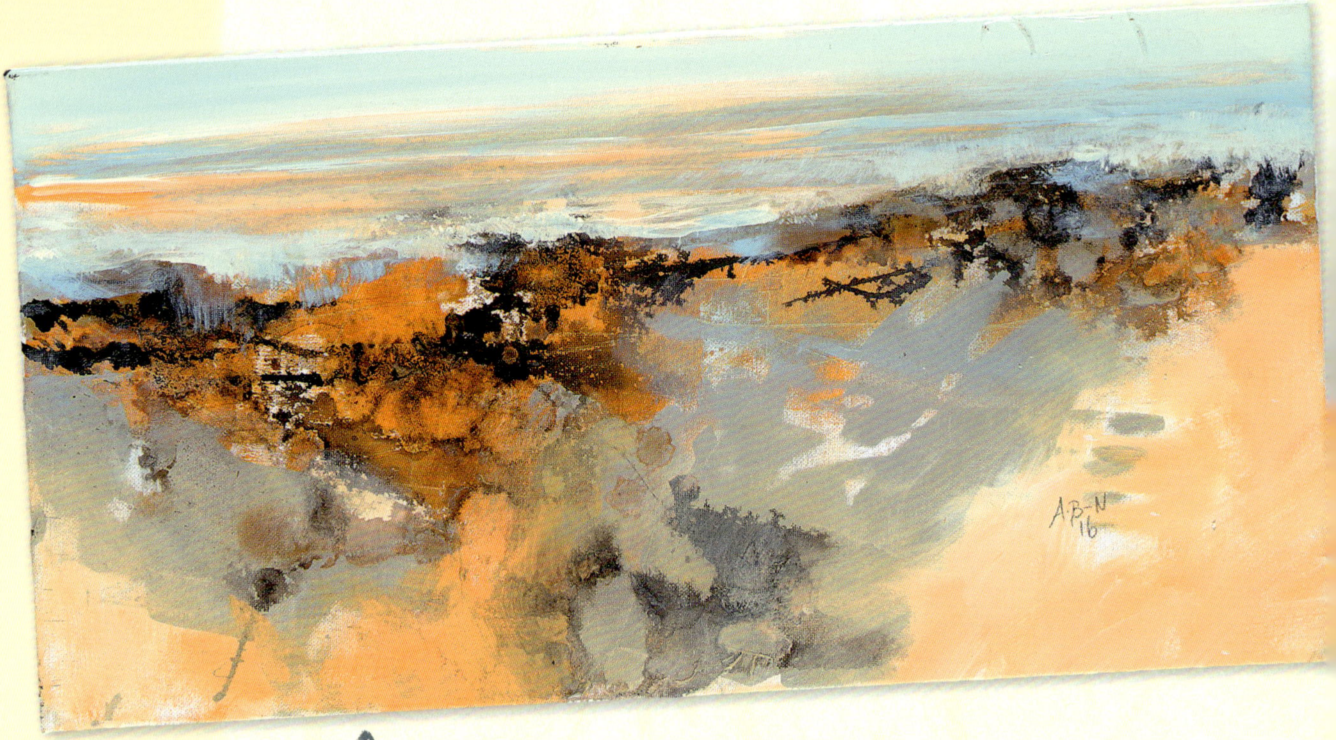

5 Mit dem gleichen Pinsel arbeite ich verschiedene Stimmungen in die Bilder ein:
Oben: Himmelblau hell und Goldgelb,
Rechts: Elfenbein und Goldgelb,
Unten: Elfenbein, Goldgelb und Azo-Orange.

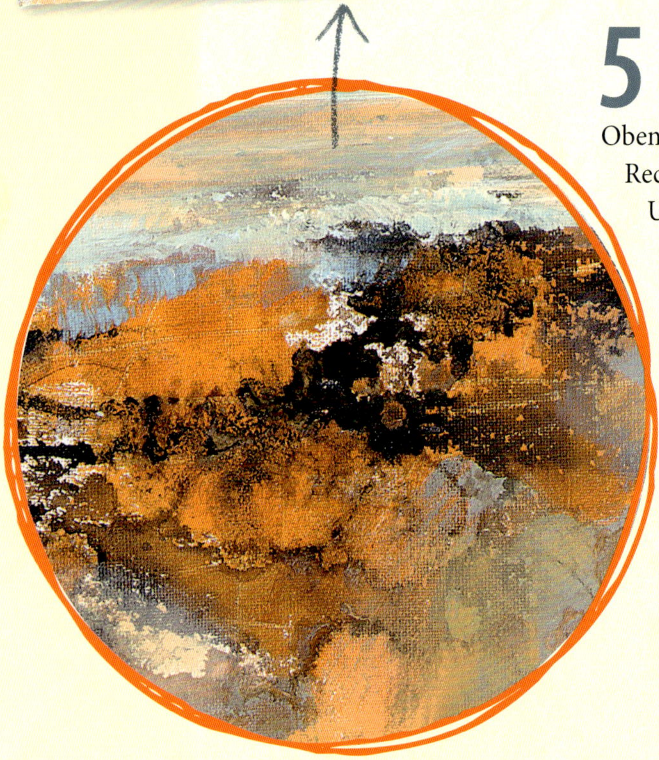

Detail:
Bernsteinfarbener Schellack und Tusche in Umbra stoßen sich gegenseitig ab und ergeben spannende marmorierende Strukturen.

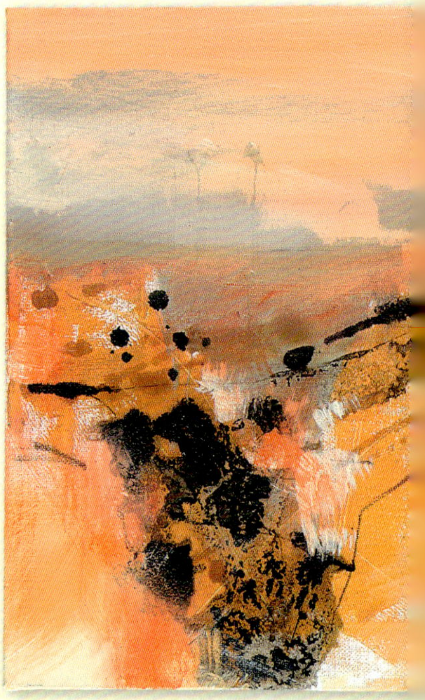

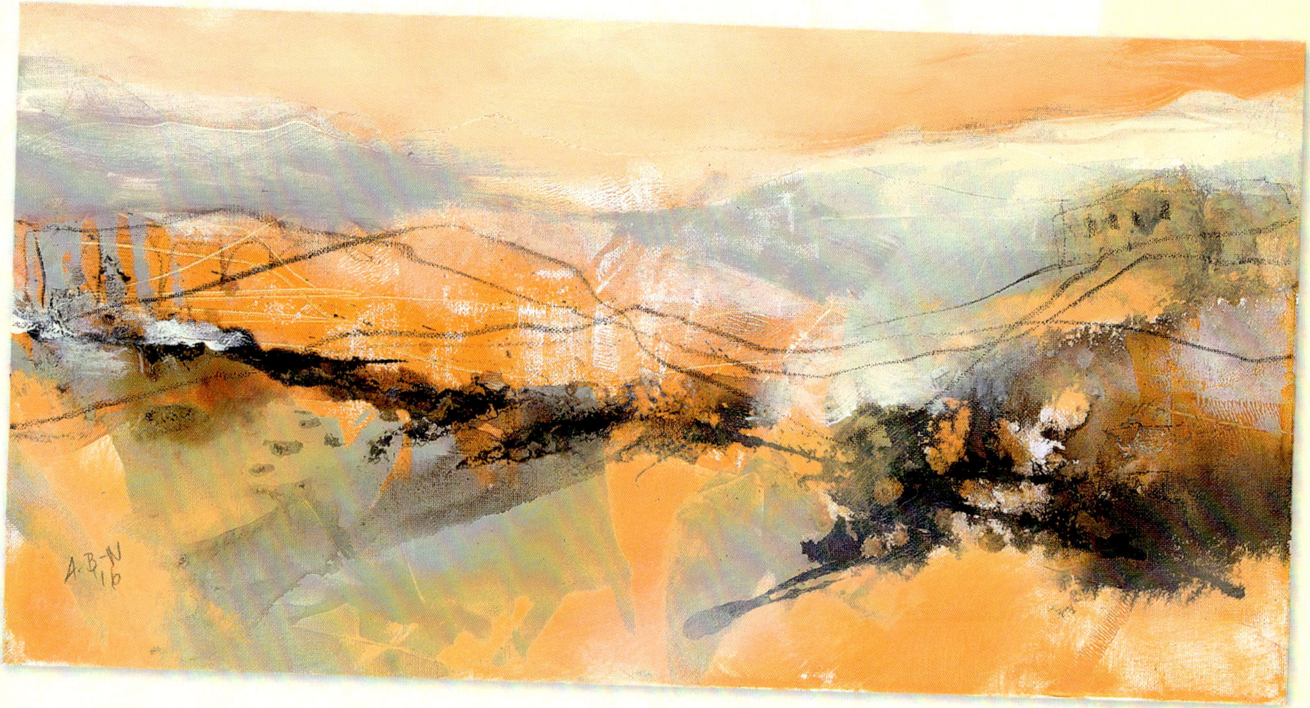

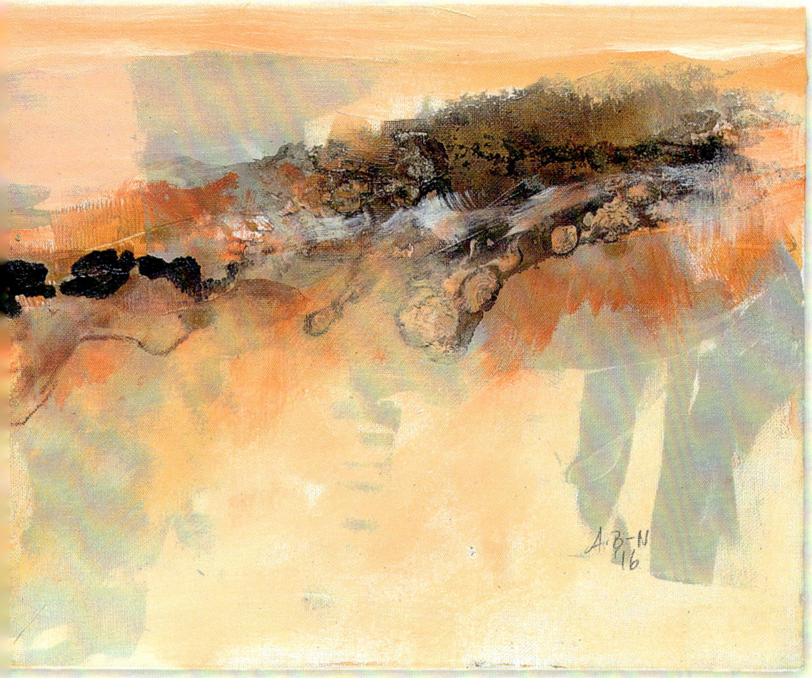

Basiswerkzeug Linolwalze: „Abstraktes Drunter und Drüber"

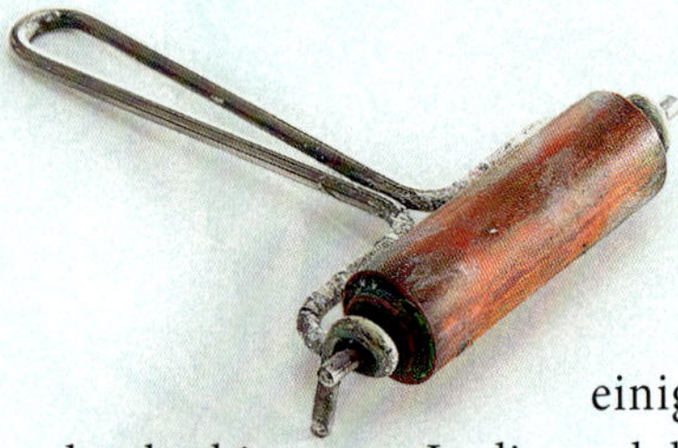

Diese Serie wurde auf älteren bemalten und wieder „recycelten" Leinwänden gearbeitet. Diese habe ich zunächst mit weißer Wandfarbe grundiert, allerdings so, dass einige Spuren der ursprünglichen Bemalung durchschimmern. In die noch leicht feuchte Wandfarbe walze ich mit der **Linolwalze** und Acrylfarbe schwarze Formen (vorher wie immer die Walze auf einer Glasplatte gleichmäßig mit der Farbe einrollen), die sich je nach Trocknungszustand mit der Wandfarbe stellenweise zu Grau vermischen. Ich versuche, bei jeder Form andere Anbindungen im Format zu erreichen, damit später jedes Bild der Serie ein anderes Formengefüge hat.

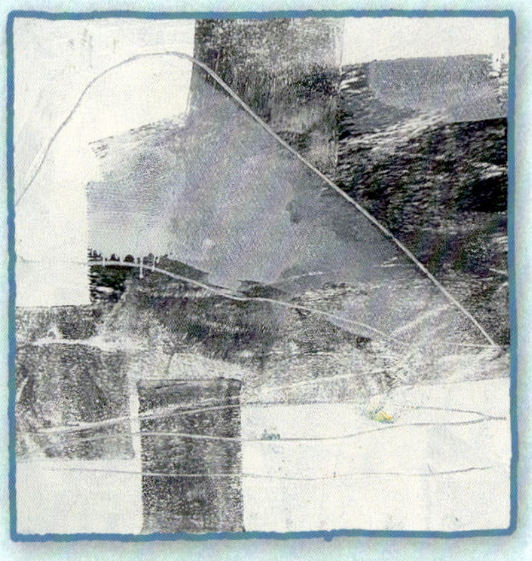

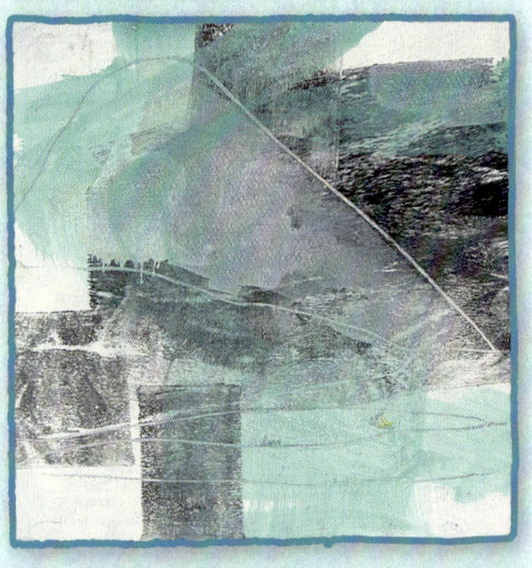

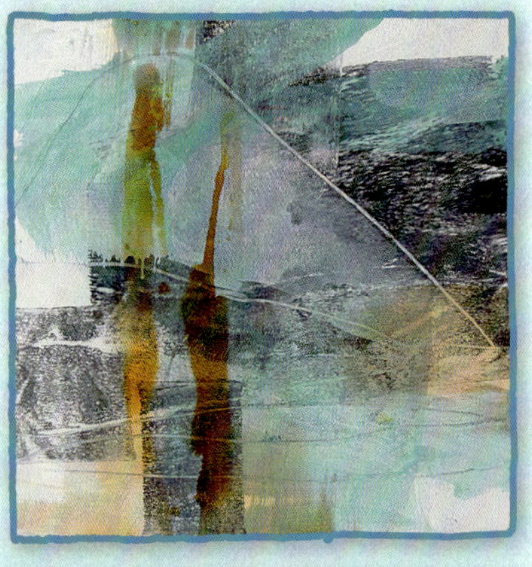

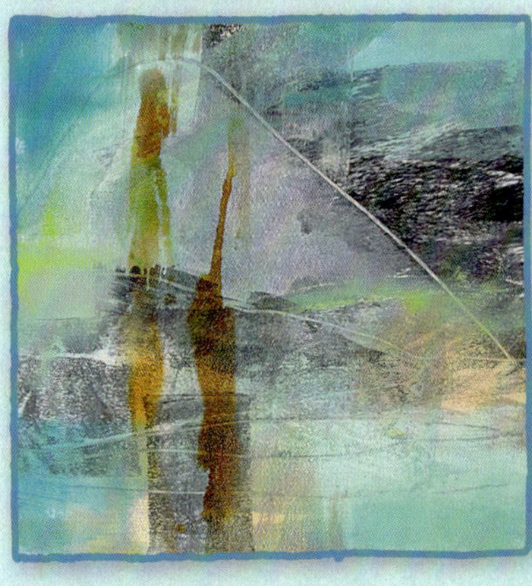

1 Um schon zu Beginn verschiedene Transparenzen und Grauabstufungen zu erhalten, verwende ich eine dünne Lasur aus Acrylemulsion, Wasser und Lithopone (weißes Pigment). Diese bleibt nach dem Trocknen glänzend und ist ein toller Qualitätskontrast, der in Spannung mit matten Flächen steht.

2 Die Serie erhält ihre Grundfarbigkeit durch die Schüttung aus Acrylemulsion und kupferblauem Pigment, mit Wasser verdünnt und zum Teil mit dem Pinsel verzogen. Dabei lasse ich aber Bereiche des Bildes weiß, um farblich noch immer alle Möglichkeiten offen zu haben.

3 Damit ein wärmerer Farbklang entsteht und um einen zusätzlichen glänzenden Kontrast zu den milchigen Farbtönen zu setzen, schütte ich Schellack über das Bild und verwende zudem eine Pipette, um dünne Schellacklinien zu ziehen. Nun lasse ich alles trocknen.

4 Mit dem Pinsel ziehe ich weiche Übergänge in den Farben Türkisblau, Farn und Mint ein. Damit wird die Bemalung geschlossen und die sehr auffälligen, noch weißen Formen an den Bildrändern verschwinden.

Material:

• Leinwände 40 x 40 cm • Acrylfarben in Schwarz, Türkisblau, Farn und Mint • Acrylemulsion • Pigment in Weiß (Lithopone) und Kupferblau • Schellack • wasserlösliche Grafitkreide in Ocker und Dunkelbraun • Borstenpinsel 4" • Linolwalze • Glasplatte • Kunststoffverpackungen zum Anrühren der Pigmente • Pipette

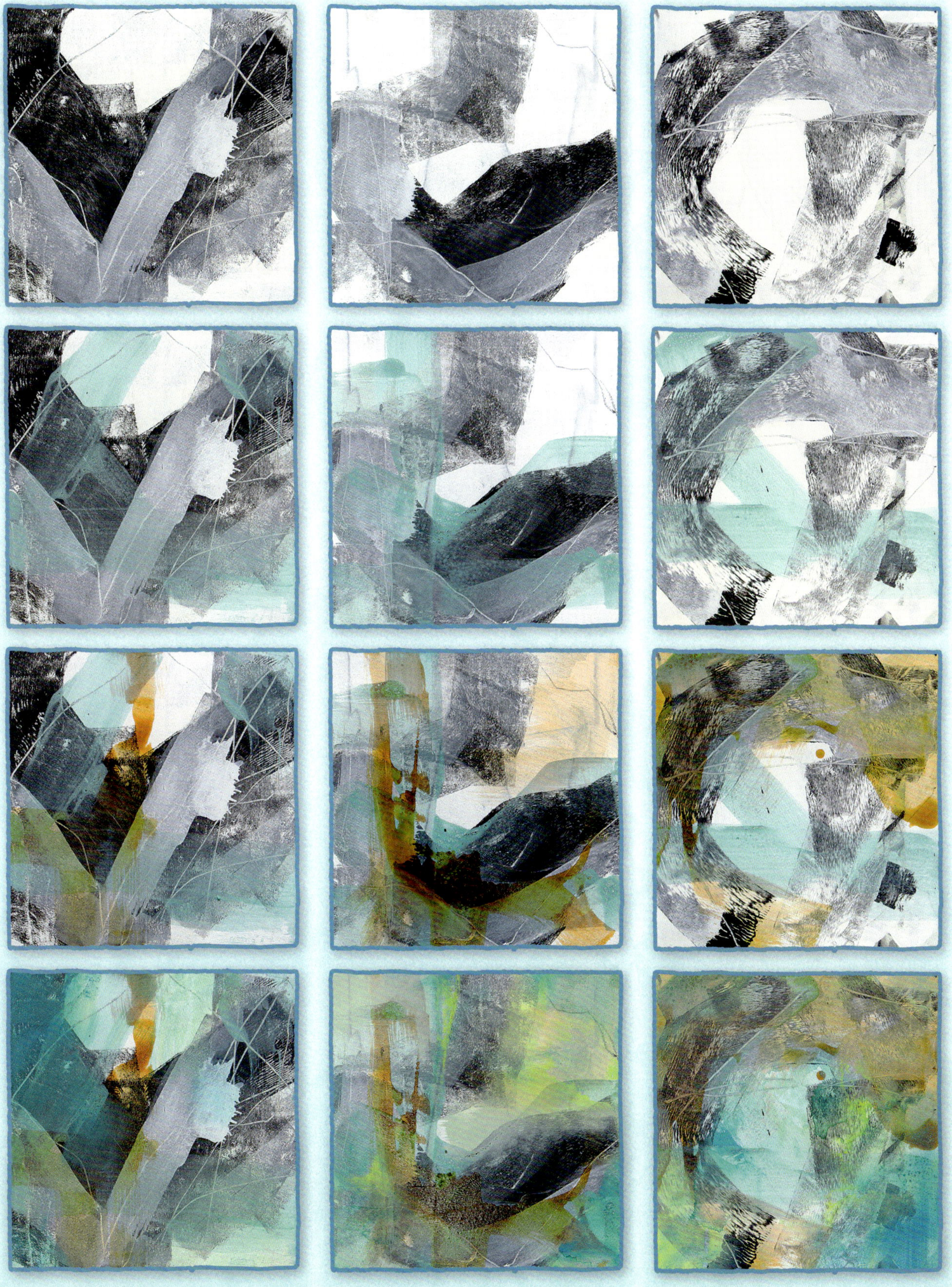

1

2

3

4

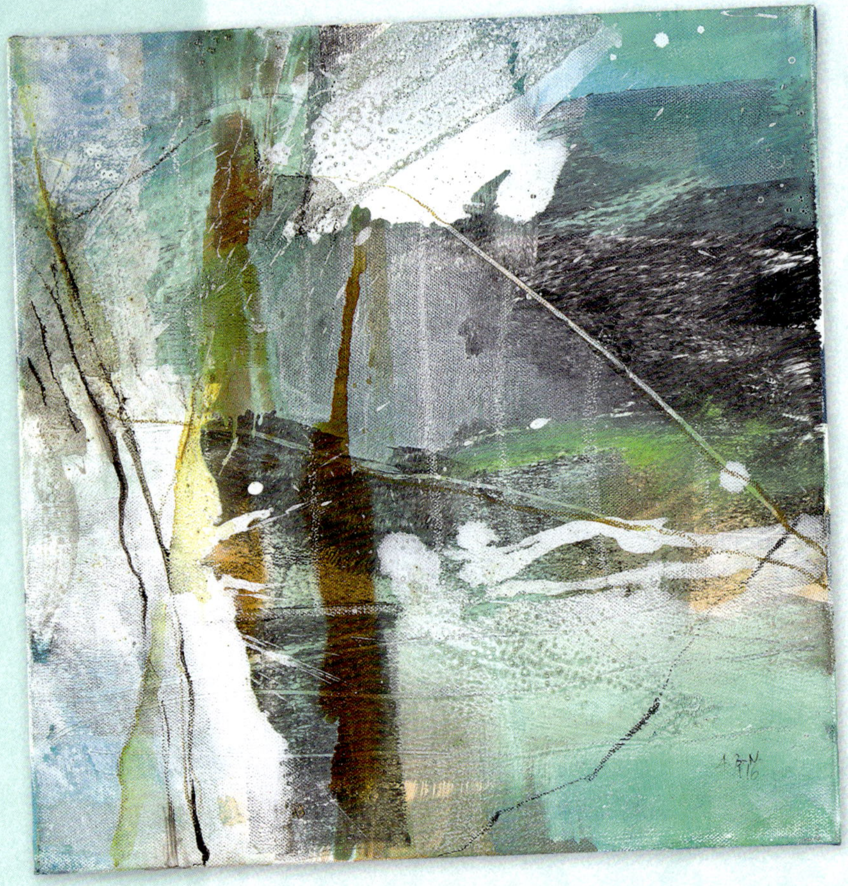

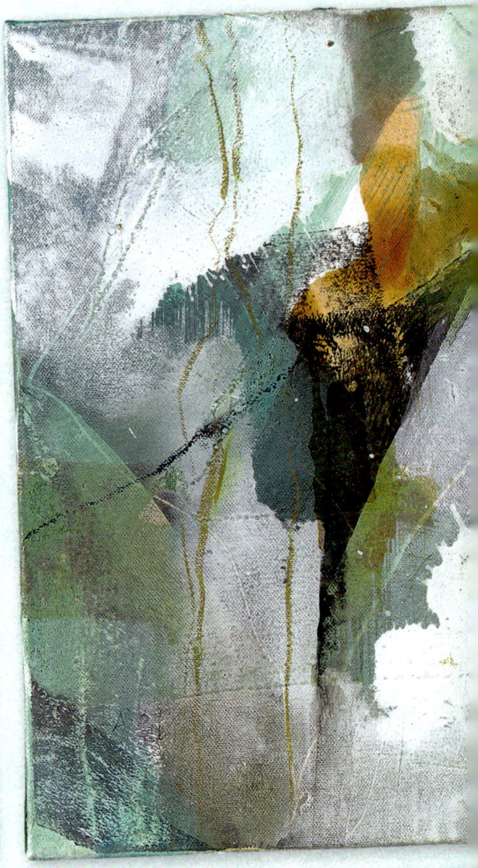

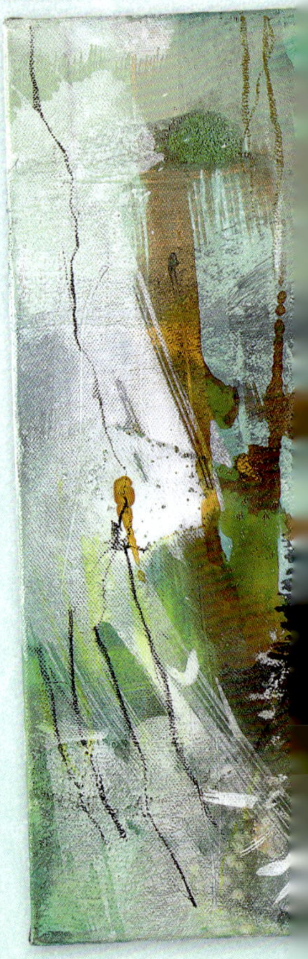

5 Um nun wieder an den richtigen Stellen Helligkeit zu erhalten, lege ich mit dem breiten Borstenpinsel Formen mit Acrylemulsion, Wasser und Lithopone (weißes Pigment) auf. Linien mit wasserlöslicher Grafitkreide (siehe Kapitel Linie) in Ocker und Dunkelbraun stellen sich dem Kontrast der Flächen und vervollständigen die Serie.

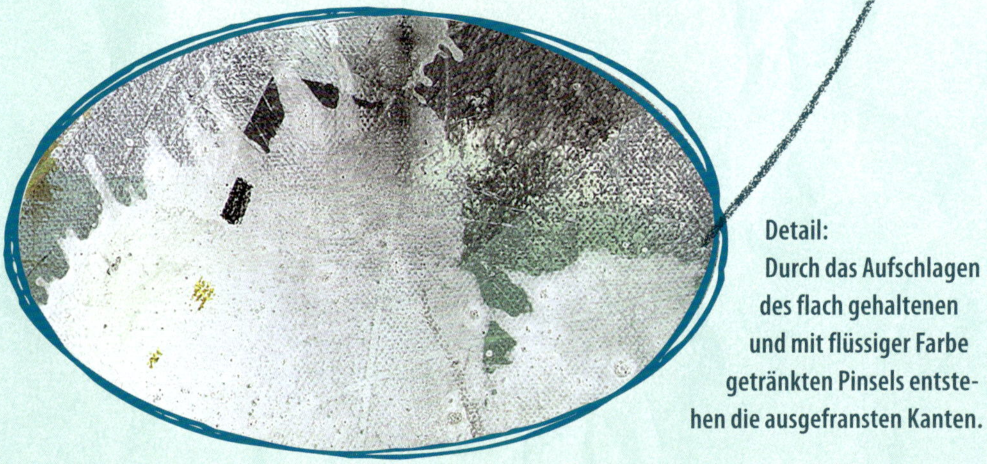

Detail:
Durch das Aufschlagen des flach gehaltenen und mit flüssiger Farbe getränkten Pinsels entstehen die ausgefransten Kanten.

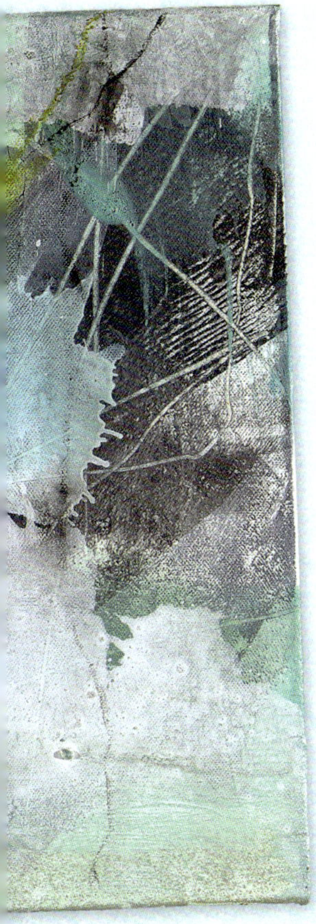

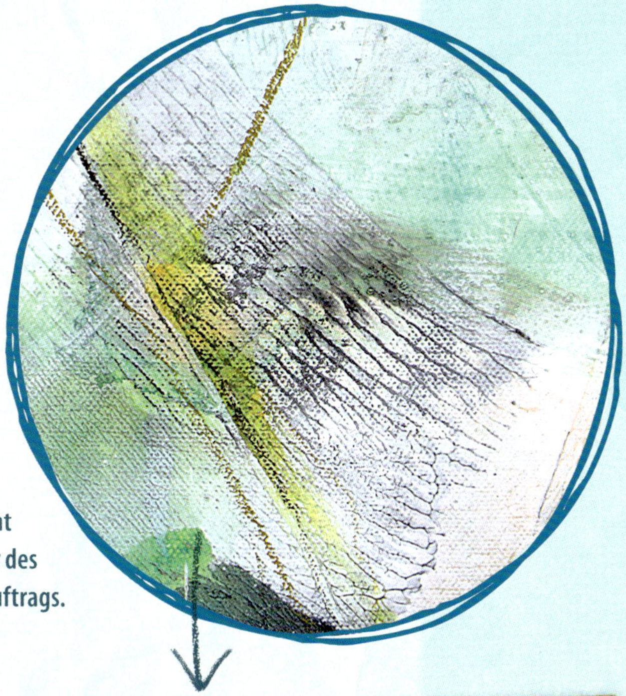

Detail: Wenn die Farbe nicht ganz satt verwendet wird, entsteht die typische Struktur des Linolwalzen-Auftrags.

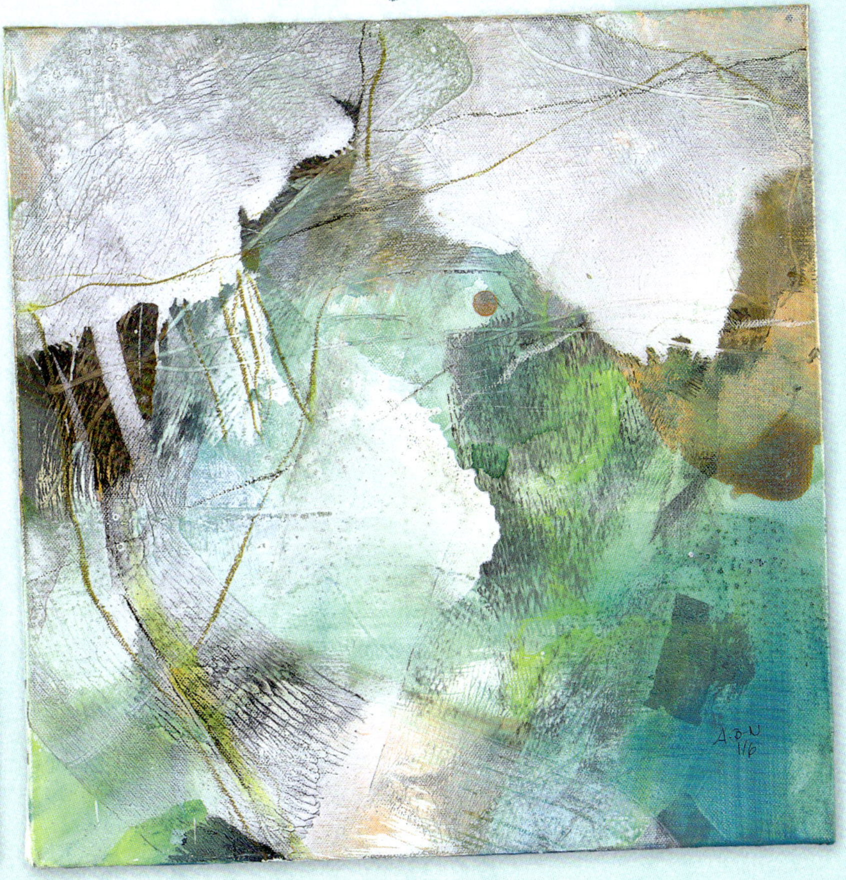

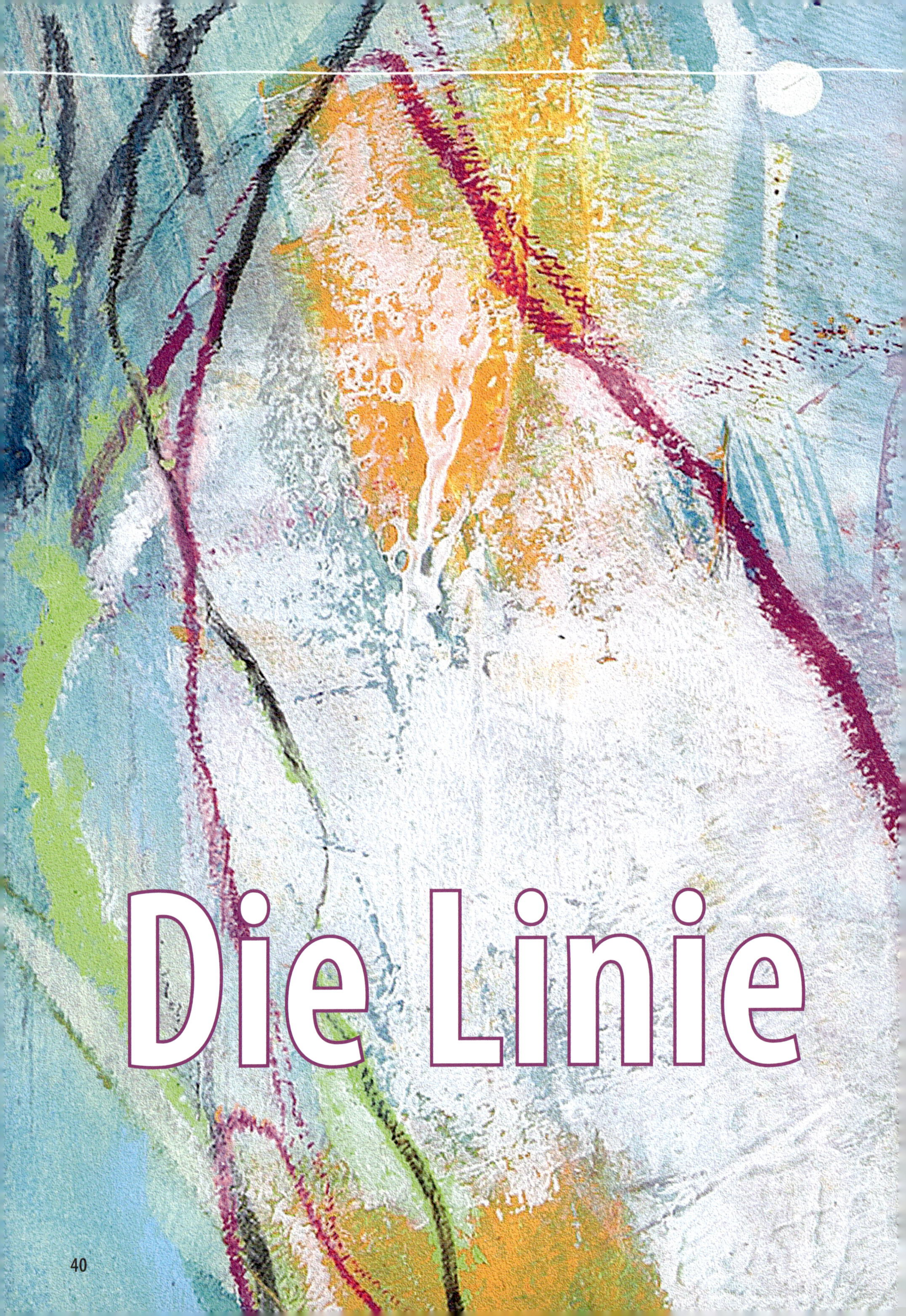

Die Linie

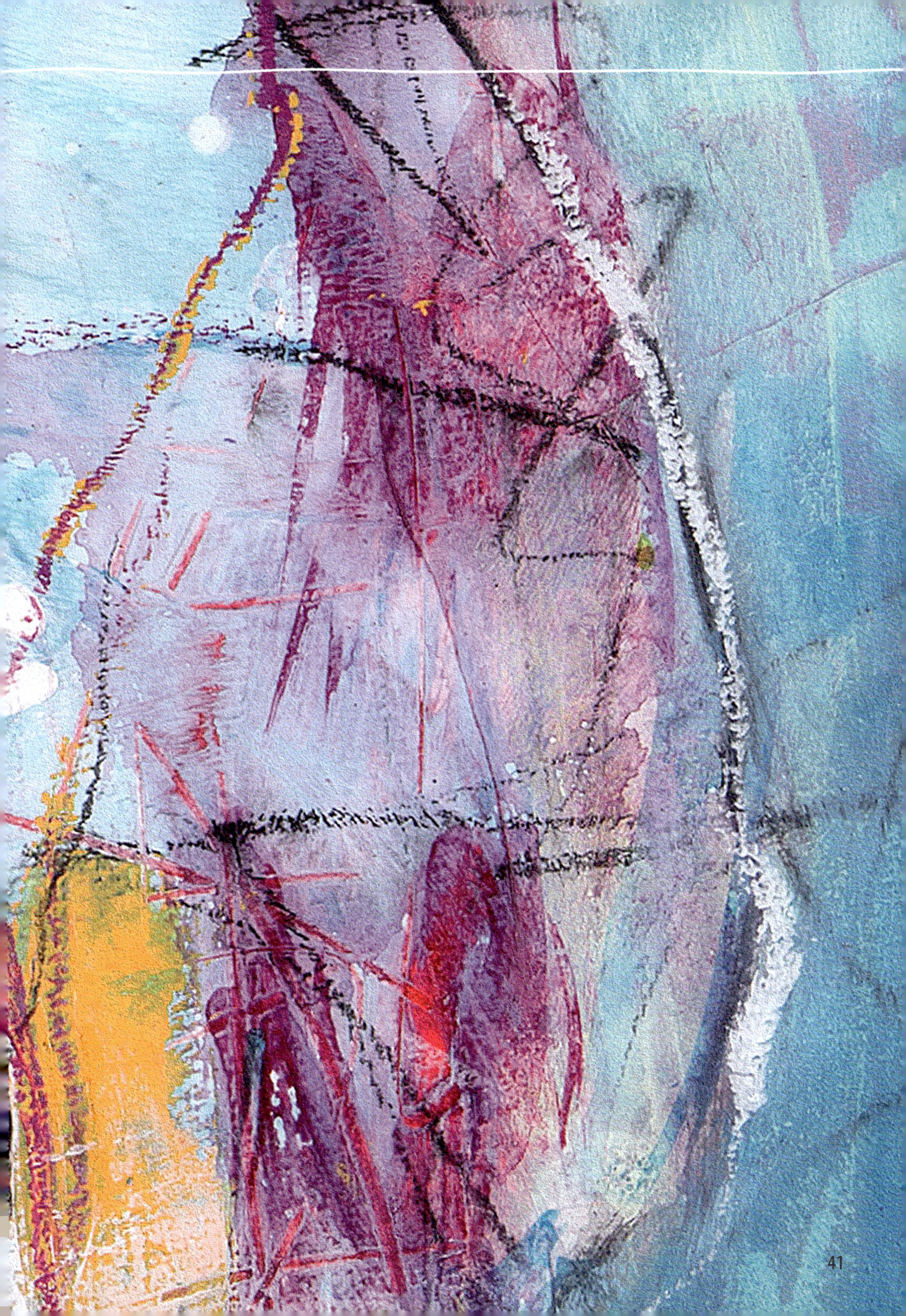

Die Linie

Ebenso wie ein Malwerkzeug die Fläche prägt, wird der Ausdruck einer Linie durch das Zeichenmaterial und das Zeichenwerkzeug stark beeinflusst. In diesem Kapitel möchte ich mich mit den Möglichkeiten der experimentellen Linie befassen. Linien sind häufig eine Bereicherung für die Malerei, sei es, um die Spannung zu erhöhen, um Elemente zusammenzufügen und Verbindungen zu schaffen oder um das Bildthema stärker herauszuarbeiten. Auch können wir, wenn wir in der Arbeit festhängen, mit locker gemalten oder gezeichneten Linien neue Ordnungen schaffen, um dem Bild ein anderes Gefüge zu geben und den Prozess wieder anzustoßen.

Stifte

Stifte aller Art sind eher für glatte Untergründe oder nur leicht strukturierte Papiere geeignet. Auf Strukturmassen oder Sandflächen können Stifte auch verwendet werden, die Linie bricht allerdings auf und betont so eher die Struktur.

▶ **Ölpastellkreiden (A)** erzeugen satte Farbigkeiten, die von selbst haften und normalerweise nicht fixiert werden müssen. Deshalb ist eine Korrektur der Linie schwierig. Je nach Qualität und Konsistenz der Ölkreide kann die Linie verrieben werden.

(A)

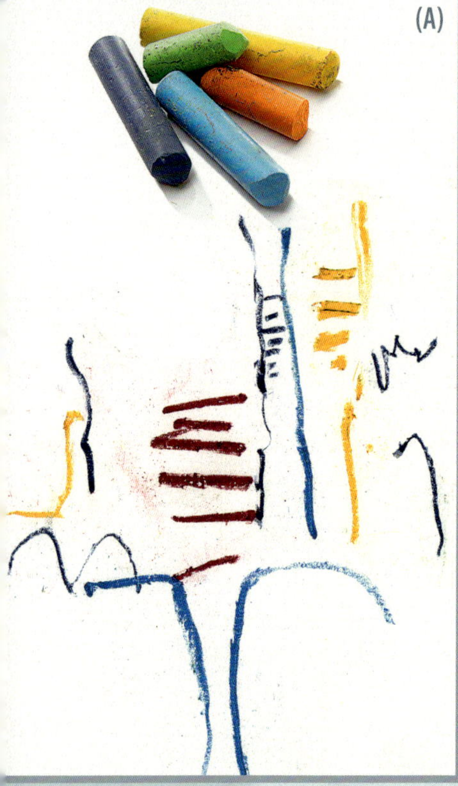

(B)

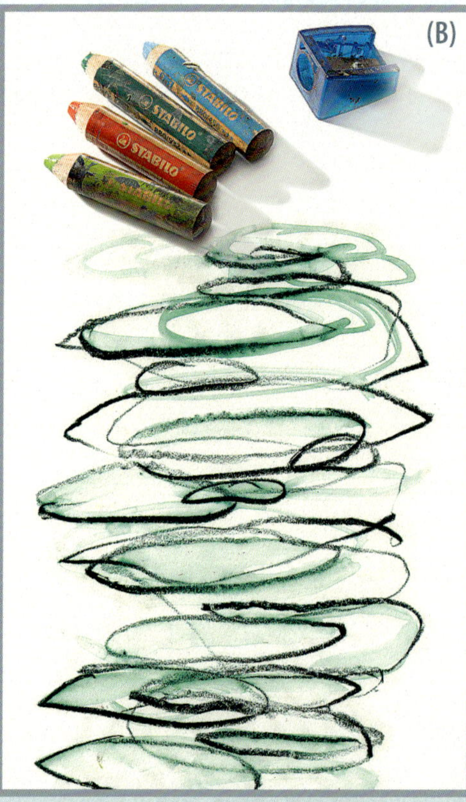

(C)

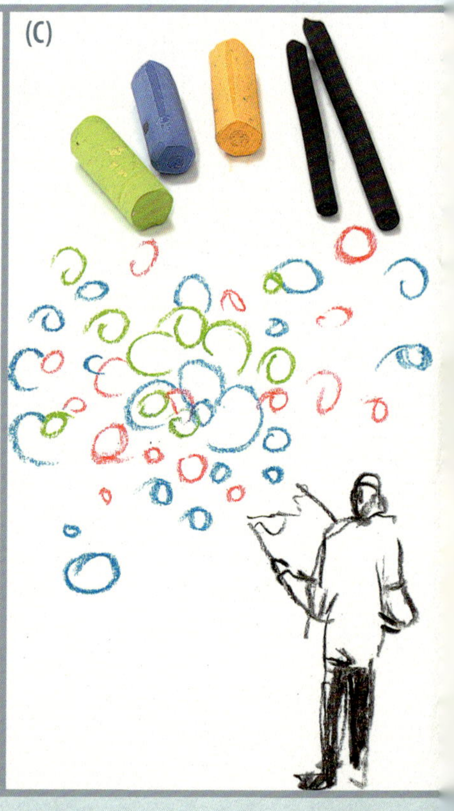

▶ **Aquarellbuntstifte** und **wasservermalbare Kreiden (B)** gibt es in verschiedenen Stärken. Der Strich kann angelöst werden, damit er weich in die Flächen übergeht, und steht somit zwischen Malerei und Zeichnung. Die vermalten Flächen lassen den Untergrund hindurchschimmern und bringen viel Tiefe ins Bild.

▶ **Kohle** und **Pastellkreiden (C)** beinhalten kein Bindemittel und haften nicht von selbst. Diese Materialien sollten vor dem weiteren Bemalen, spätestens aber zum Abschluss, fixiert werden. Um sich an Linien in der Malerei heranzutasten, sind diese gut geeignet, da die Spuren sehr einfach aufgelöst werden können, wenn sie nicht ganz stimmig im Bild sitzen.

▶ **Grafitstifte** verwende ich sehr gerne. Anders als bei Kohle ist der Strich eher grau und leicht glänzend **(D)**, zudem gibt es wasservermalbare Grafitstifte **(E)**, die nach dem Anwaschen Grautöne der verwendeten Tonwerte erzeugen. Meine bevorzugten Grafitstifte sind nicht mit Holz eingefasst, sondern dicke Sticks und hinterlassen einen starken Strich, der auch auf großen Formaten verwendet werden kann.

▶ **Wasserlösliche Grafitkreide, XL Grafitsticks (F)**, und **Grafitknete** sind ungewöhnliche Zeichenwerkzeuge und in erdigen Farbtönen und verschiedenen Formen erhältlich. Durch ihre Form liegen diese Materialien ganz anders in der Hand als gewöhnliche Stifte und lassen uns intuitiver an die Zeichnung herangehen. Bei der wasserlöslichen Grafitkreide bevorzuge ich die flache Schneiderkreide-Form. Grafitknete kann nach Belieben geformt werden und ist dadurch sowohl für sehr feine Zeichnungen als auch für großflächige Arbeiten geeignet.

(D) (E)

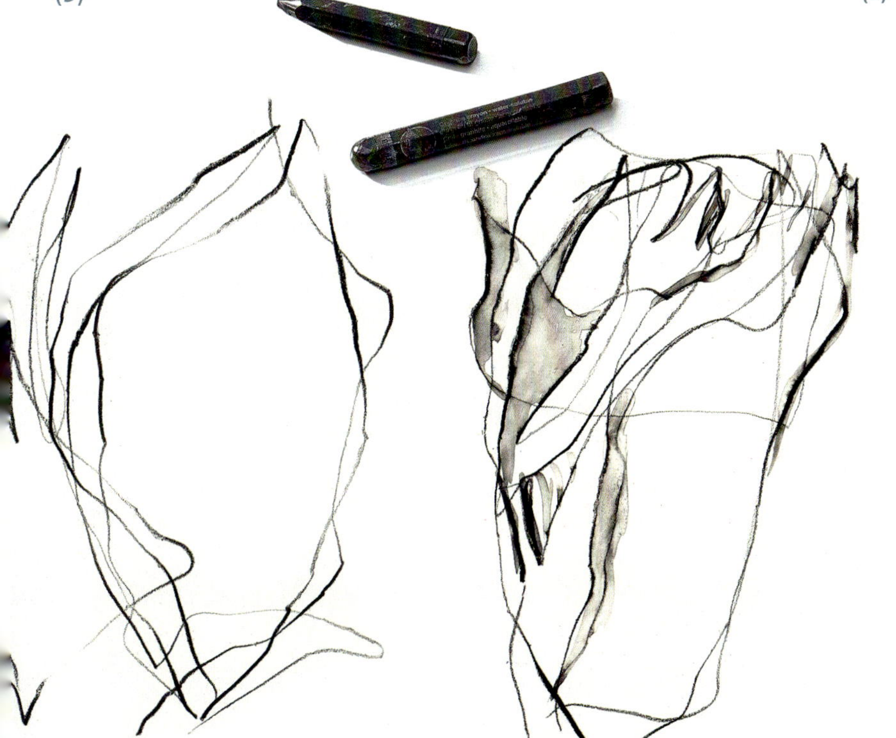

(F)

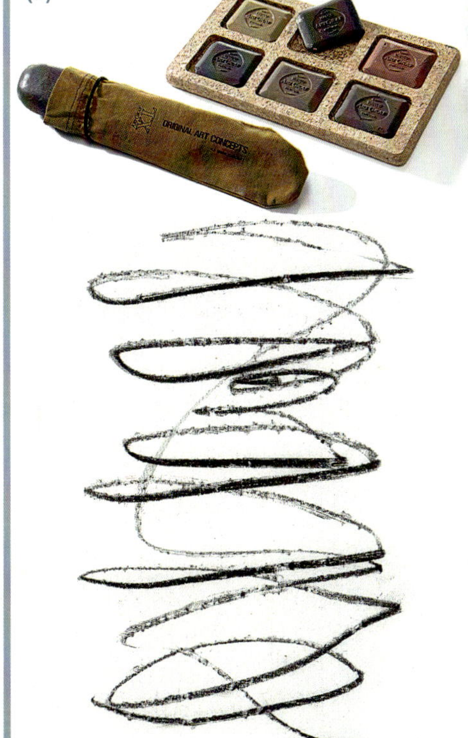

Linienwerkzeuge für flüssige Farben

Flüssige Farben haben den Vorteil, dass sie beim Auftragen in die Zwischenräume von strukturierten Untergründen fließen und so die Spuren komplett durchgängig bleiben, wenn wir es möchten. Außerdem kann man flüssige Farben ansprühen, laufen lassen oder lasierend anwaschen, sodass ein Übergang zur Malerei entsteht.

▶ **Pipetten (G)** sind häufig Bestandteil der Flaschen von Tuschen und Airbrush-Farben und im Verschluss integriert. Separate Kunststoffpipetten gibt es in unterschiedlichen Stärken zu kaufen und sind flexibler in der Handhabung. Da die Pipette ganz anders in der Hand gehalten wird als ein Stift oder Pinsel, erreichen wir damit einen eher intuitiven Zugang und somit völlig andere Ergebnisse.

▶ **Spritzflaschen (H)** mit Tülle oder **Stöcke (I)** mit ausgefransten Enden erfordern eine so ungewohnte Handhabung, dass es damit leicht fällt, Kontrolle abzugeben und dadurch ebenso ausdrucksstarke wie ungewöhnliche Linien zu erzeugen.

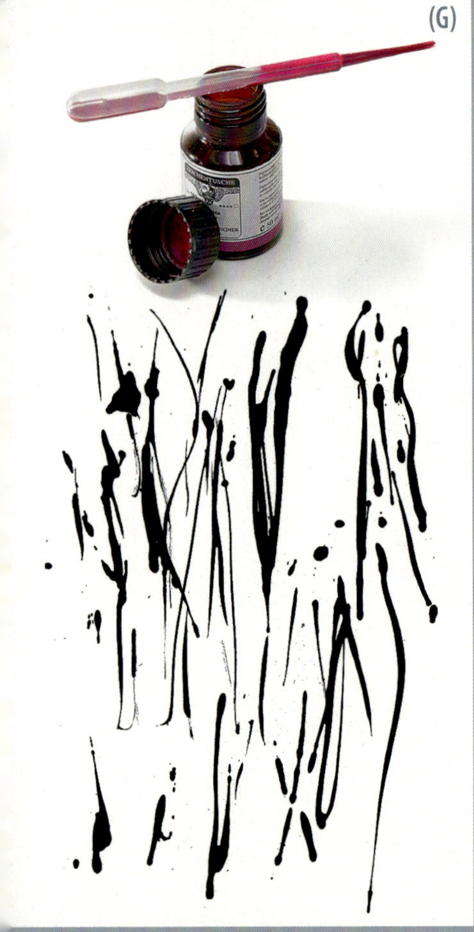
(G)

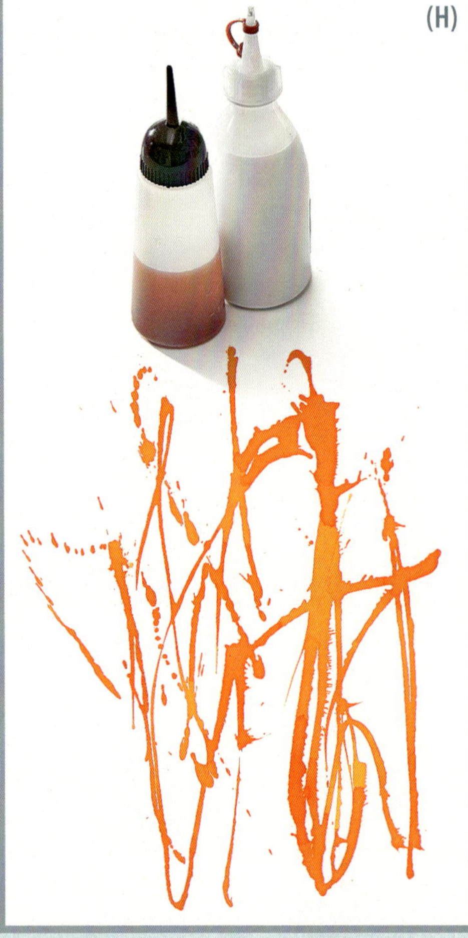
(H)

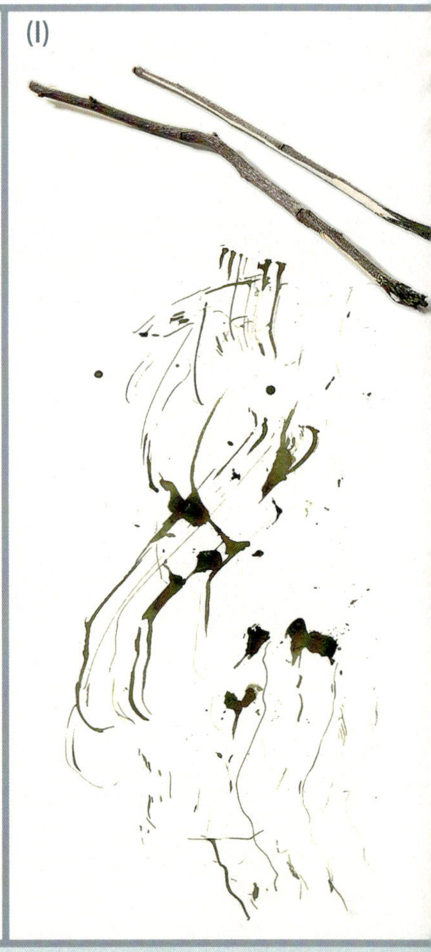
(I)

▶ **Pinsel (J)**, wie Linierer und Kalligrafie-Pinsel (Chinapinsel), bilden sehr feine Spitzen und können mit verdünnter Acrylfarbe oder auch mit Tusche und Airbrush-Farbe sehr dünne, geschwungen filigrane Linien ziehen. Bei mehr Druck auf die Pinselspitze kann der Übergang in die Fläche fließend sein. Mit breiten Borstenpinseln lassen sich große Flächen mit sichtbaren Pinselspuren anlegen.

▶ **Colour Shaper (K)** sind pinselartige Werkzeuge mit unterschiedlich geformten elastischen Kunststoffspitzen. Spitze Colour Shaper verwende ich, ebenso wie **Pinselstiele**, im spontanen Malprozess häufig, um Linien in dicke, noch nasse Acrylfarbschichten zu ziehen. Diese sogenannten Kratzzeichnungen lassen die darunterliegenden Farbigkeiten hindurchschimmern und verleihen dem Bild Tiefe. Je stärker sich die Untergrundfarbe von der nächsten Farbschicht, in die gekratzt wird, abhebt, desto sichtbarer sind die Spuren. Mit dem breiten Colour Shaper können dynamische, spachtelartige Farbaufträge angelegt werden **(L)**.

(J)

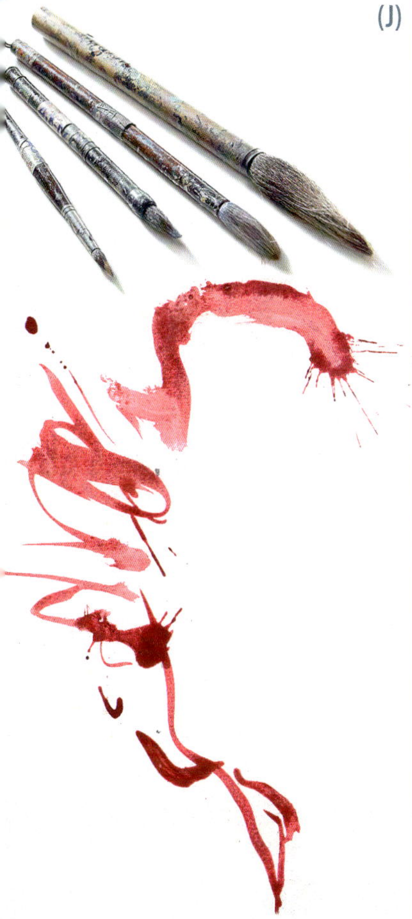

(K)

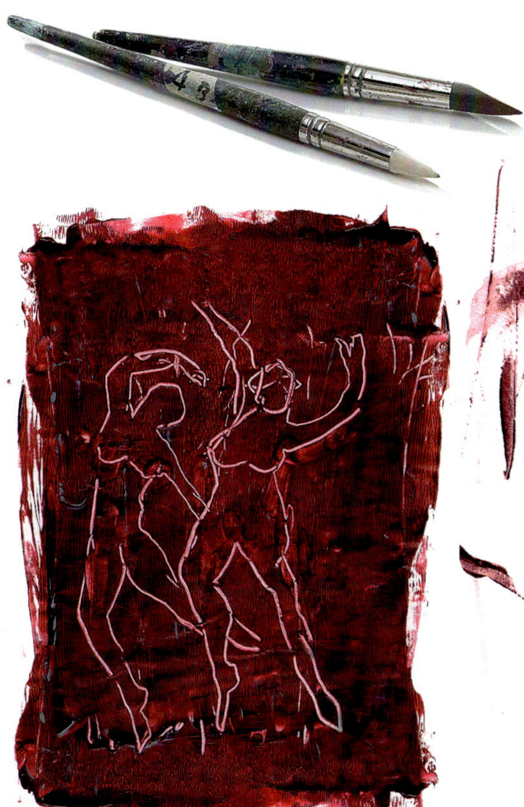

(L)

Locker werden

Den Kopf auszuschalten ist bei der experimentellen Zeichnung ein wichtiger Aspekt. Häufig müssen wir uns überlisten, um lockere Linien ziehen zu können. Allzu sehr werten wir bei Zeichnungen, ob sie richtig oder falsch erscheinen, und ein spielerischer Umgang wurde vielen kreativ Arbeitenden schon zu Schulzeiten aberzogen. Häufig war dort das ordentliche und sorgsame Arbeiten wichtiger als kreative Schaffensprozesse.

Mir geht es darum, diese erlernten Bewertungsmechanismen auszublenden und den eigenen, persönlichen Ausdruck zu stärken. **Seien Sie unordentlich und unperfekt!** Umso mehr wird IHR eigener Ausdruck in Ihre Zeichnungen kommen. Werden Sie eher ein Beobachter Ihrer hinterlassenen Spuren und experimentieren Sie. Variieren Sie Geschwindigkeit und Druck. Erfreuen Sie sich an den Spuren, die unterschiedliche Malwerkzeuge hinterlassen, und an den Möglichkeiten, die sich für Sie dadurch ergeben. Es geht nicht um genaues Abbilden, sondern darum, das Wesentliche eines Objektes zu erfassen.

Übungen, mit denen es gelingt, beide Gehirnhälften zu verknüpfen oder sogar in die rechte, intuitiv arbeitende Gehirnhälfte zu gelangen, werden eine Veränderung der Zeichnungen mit sich bringen. Meine Zeichnungen wirken nach solchen „Aufwärmübungen“ viel lockerer und ich finde schneller zu meinem eigenen „Strich“.

Übungen

▶ Wählen Sie zu Beginn ein großes Papier und zeichnen Sie sich mit beiden Händen ein. Besonders gut geht das mit schwungvoller Musik.

Versuchen Sie, mit der linken Hand etwas anderes zu zeichnen als mit der rechten. **Schwingen Sie über das Papier, setzen Sie die Stifte nicht ab.** Legen Sie die Ellbogen nicht auf. Vielleicht stellen Sie sich locker hin, damit Sie etwas mehr Abstand zwischen sich und die Zeichnung bringen **(M)**.

▶ Als nächstes versuchen Sie, den Stift beim Zeichnen zu stoßen, also vom Körper **wegzudrücken.** Sofort wird die Linie unregelmäßiger, da der Stift weniger geführt werden kann. Dies wird verstärkt, wenn Sie dabei mit unterschiedlichem Druck arbeiten **(N)**.

▶ Eine weitere Möglichkeit, Kontrolle abzugeben, ist die **Verlängerung des Zeichengeräts**, indem Sie den Stift an einen Stock befestigen. So können Sie weniger genau arbeiten und die Linien werden unregelmäßiger und durchbrochen.

▶ Zeichnen Sie mit der **ungeübten Hand**. Sie werden sehen, dass Ihre Linien lebendiger und ausdrucksstärker werden.

▶ Zeichnen Sie, **ohne** auf die Zeichnung selbst zu **schauen**. Das ist eine tolle Übung, um das Gehirn zu überlisten **(O)**.

▶ Die großartigste Übung ist das Zeichnen mit einer **einzigen Linie**, ohne den Stift abzusetzen **(P)**. Keine andere Übung ist so wirkungsvoll wie diese, um in den eigenen Duktus zu kommen.

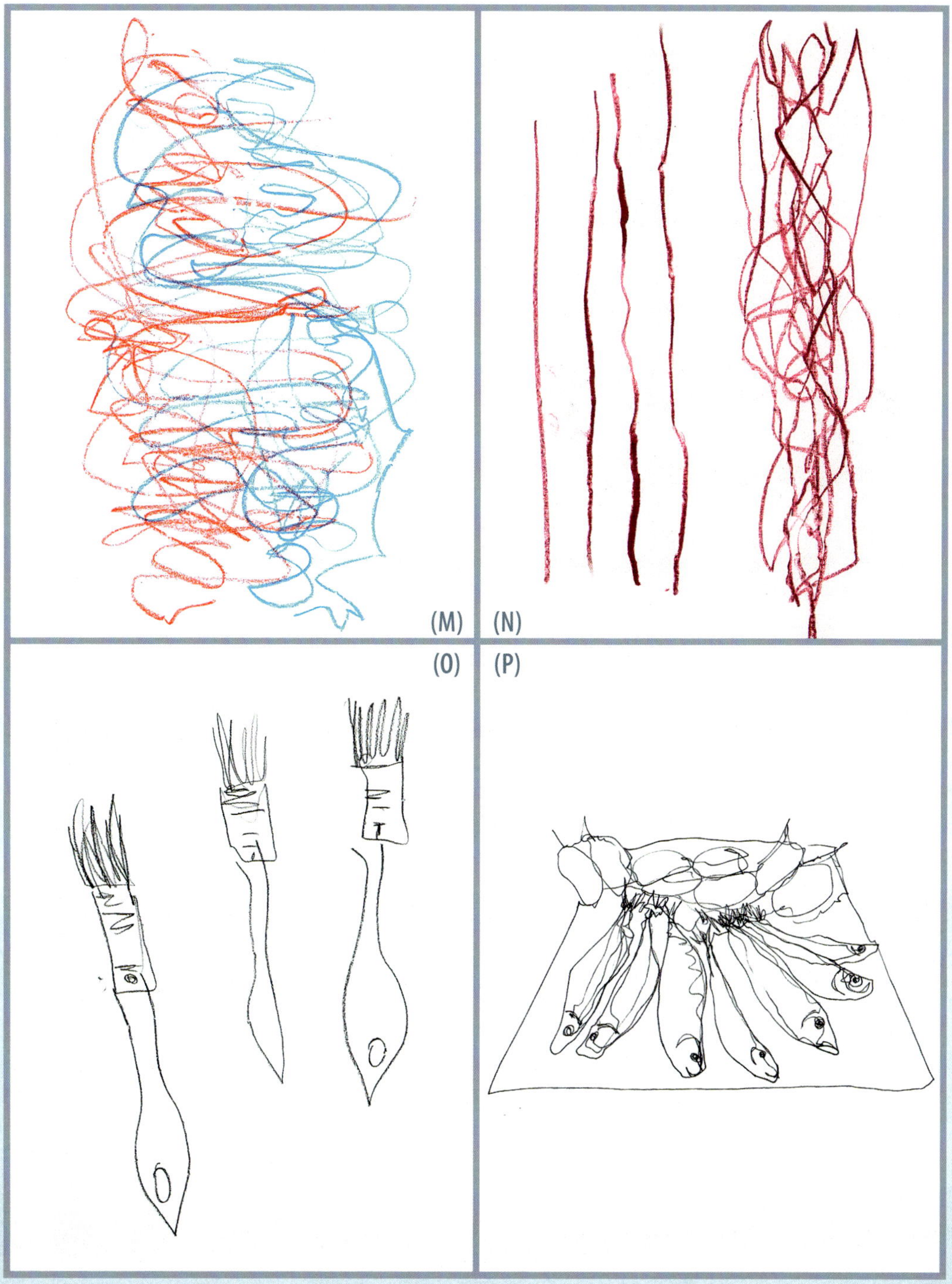
(M)
(N)
(O)
(P)

Themen

Nachdem wir uns bisher mit dem Werkzeug und dem „Wie" beschäftigt haben, stellt sich auch die Frage nach dem „Was".

Welche inhaltlichen Themen ergeben sich hinsichtlich einer Einbindung der Linie in die Malerei?

▶ Natürlich sind locker gezeichnete **abstrahierte Figuren (Q)** oder organische, pflanzliche Formen, wie Blüten und Blätter, ein sehr gutes Thema, das zeichnerisch in die Malerei integriert werden kann. Wie bei allen anderen Themen kann auch hier die Spannung des Motivs durch den besonderen Duktus der Linie verstärkt werden.

▶ Bei **Strukturen und Spuren der Natur (R)** geht es nicht um die erkennbare Abbildung des ganzen Objektes, sondern um das Erfassen der typischen Besonderheiten der Oberfläche oder der Anordnung. Die verschiedenen Rhythmen können isoliert oder geschichtet werden.

▶ **Verdichtungen**, also stellenweise näher aneinander stehende, sich schneidende oder überlagernde Linien, können die Konzentration im Bild erhöhen und werden häufig zur Gliederung von Landschaftselementen eingesetzt **(S)**. (siehe auch S. 94, Ordnung – waagerechte Gliederung: „Horizont").

▶ Wir können Motive nicht nur durch eine Konturenzeichnung entstehen lassen, sondern auch durch **Kritzeln (T)**und Verdichten. Wer kennt sie nicht, die Telefonkritzeleien, in denen

(Q)

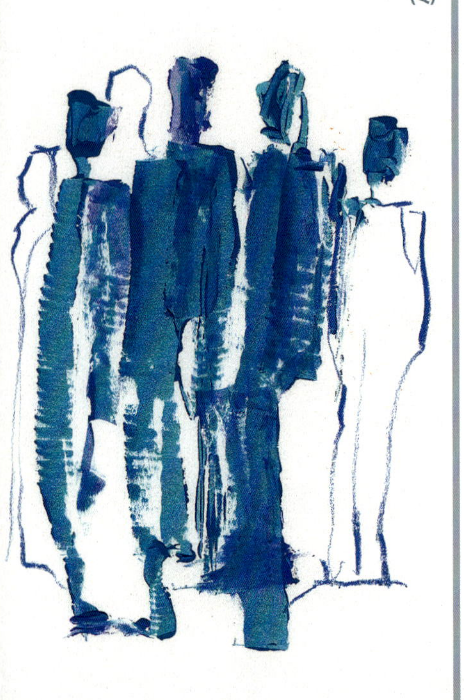

(R)

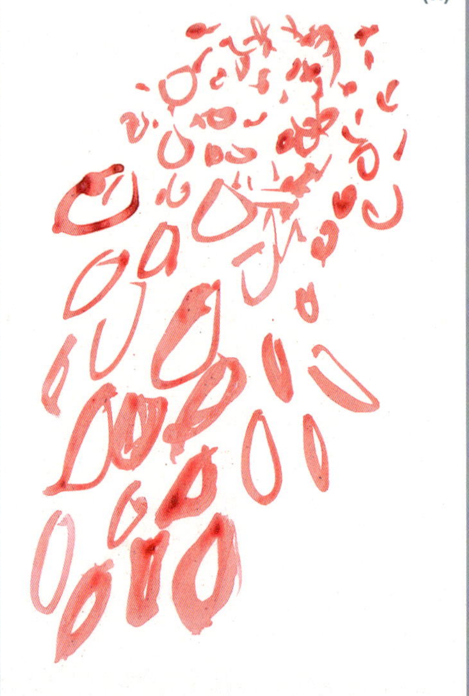

(S)

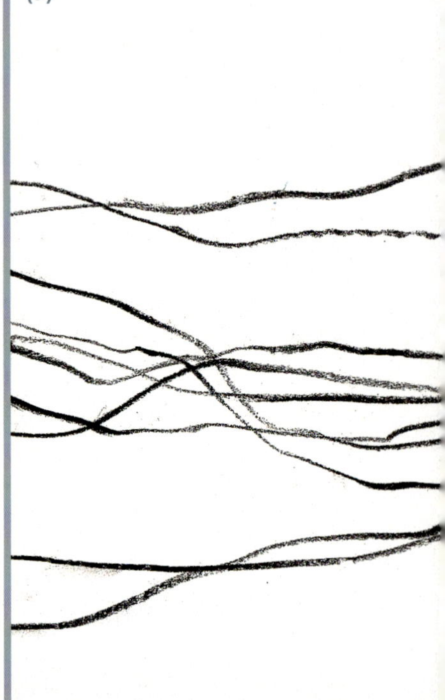

wir maßgeblich mit anderen Dingen (unserem Gespräch) beschäftigt sind und die Bewegungen einfach fließen lassen, so wie sie kommen. Hier gelingt es uns ganz leicht, die Zeichnung als solche ohne Bewertung stehen zu lassen. Wir geraten dadurch leichter in eine Art meditativen, intuitiven Flow, ähnlich wie bei den derzeitigen Zeichentrends Zentangle und Zendoodle.

▶ Die **abstrakte Zeichnung (U)**, die nichts Gegenständliches darstellen soll, ist ebenso spannend, denn hier kann ich mich ganz auf das Erzeugen von Spuren konzentrieren, ohne erkennbare Formen erzielen zu müssen.
Die abstrakte Zeichnung ist eine gute Möglichkeit, lineare Verbindungen zwischen gemalten Formen zu schaffen und dadurch Bildaufbauten zu sortieren. Ebenso können durch Linien Sichtachsen verlängert werden oder Elemente im Bild an den Rand angebunden werden.

▶ **Bewegung**, **Geschwindigkeit** und **Spontaneität (V)** erhöhen den Ausdruck der Zeichnung ebenfalls. Machen Sie sich bewusst, dass die Dynamik des Schwunges in der Linie zu sehen ist und einen anderen Ausdruck hat als ein zögerlich gezogener Strich.
Dies können Sie ganz entspannt und ohne Ängste geschehen lassen, denn das Arbeiten in Schichtungen lässt ein späteres Übermalen mit Farbflächen oder weiteren Liniengeflechten zu und nimmt den Linien die Notwendigkeit, sofort perfekt zu sein.

(T)

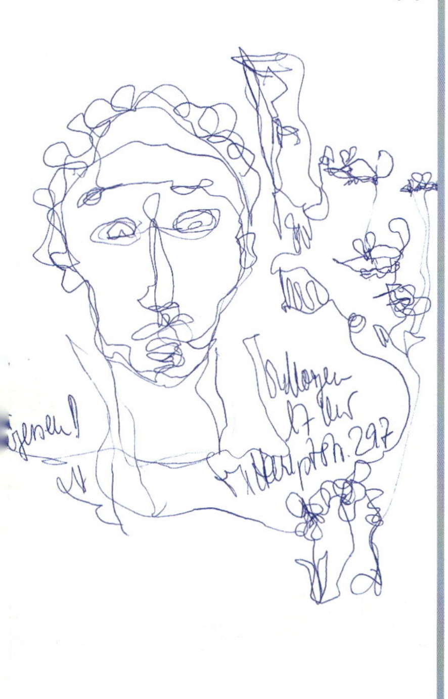

(U)

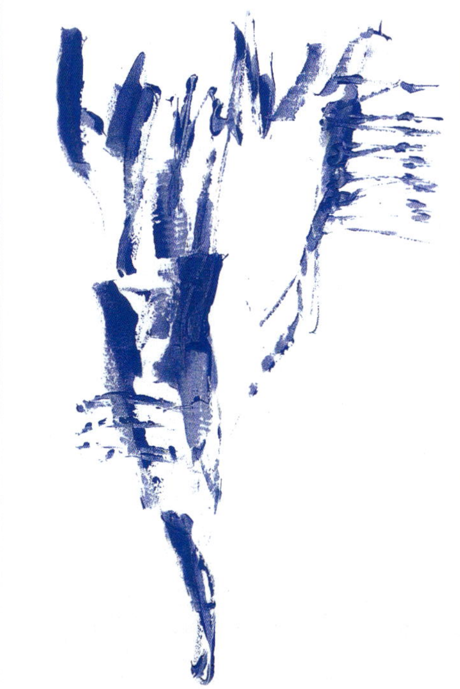

(V)

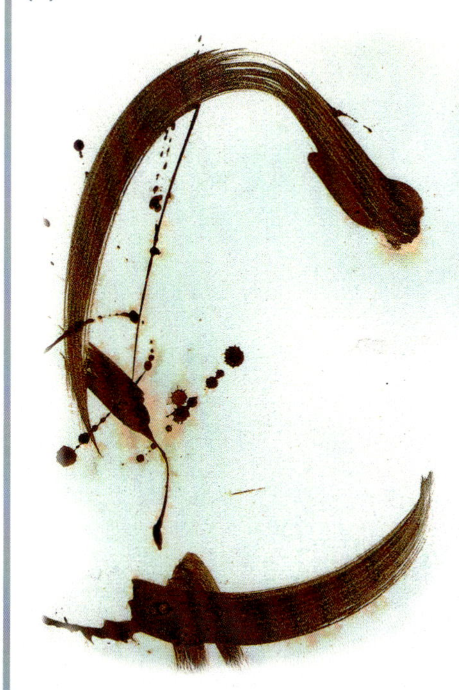

„Spiel mit der Linie"

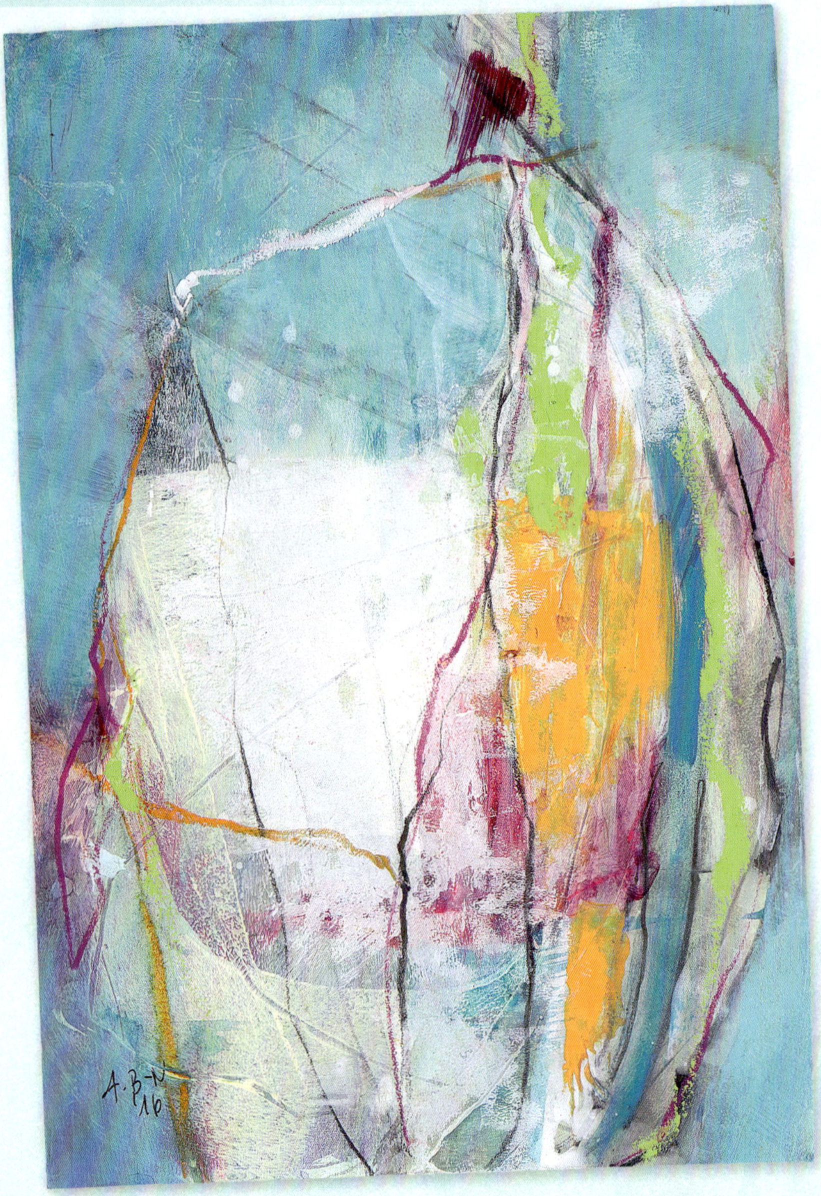

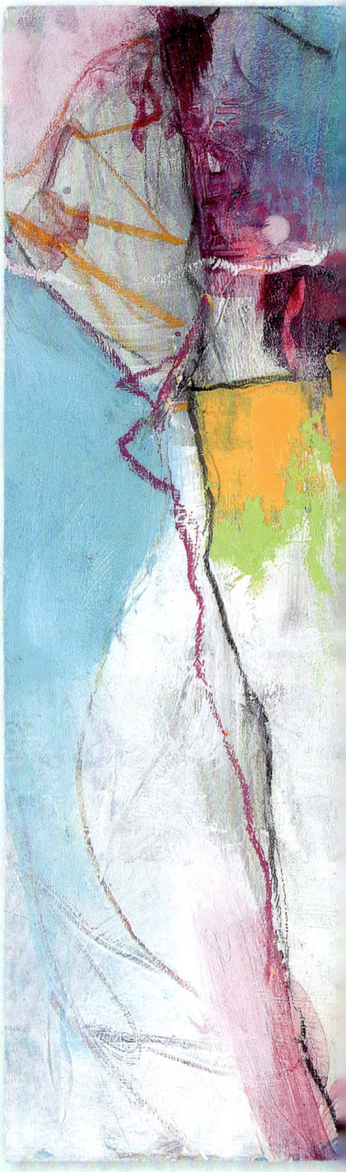

Material:

• *dickes Zeichenpapier (min. 200 g/qm) oder besser Aquarellpapier, 20 x 30 cm* • *Acrylfarben in Türkisblau, Himmelblau hell, Elfenbein, Titanweiß, Goldgelb und Permanentrotviolett* • *Tusche in Indigo* • *Pipette* • *Ölkreide in Hellgrün und Weiß* • *Aquarellbuntstifte in Rotviolett* • *wasservermalbarer Grafitkreide-Stift* • *Colour Shaper* • *Linolwalze* • *Glasplatte* • *Borstenpinsel 2"*

Arbeiten Sie Serien auch einmal auf Papier. Es hat in unserer Vorstellung keine so hohe „Wertigkeit" wie eine Leinwand, die immer gelingen muss – so können Sie **locker** an das Vorhaben herangehen. Zudem kann man Papierarbeiten beschneiden oder mit dem Passepartout den idealen Ausschnitt finden. So lernt man viel über **Komposition** und wird bei späteren Arbeiten auf Leinwand in der Lage sein, die Gestaltung bewusster anzulegen.

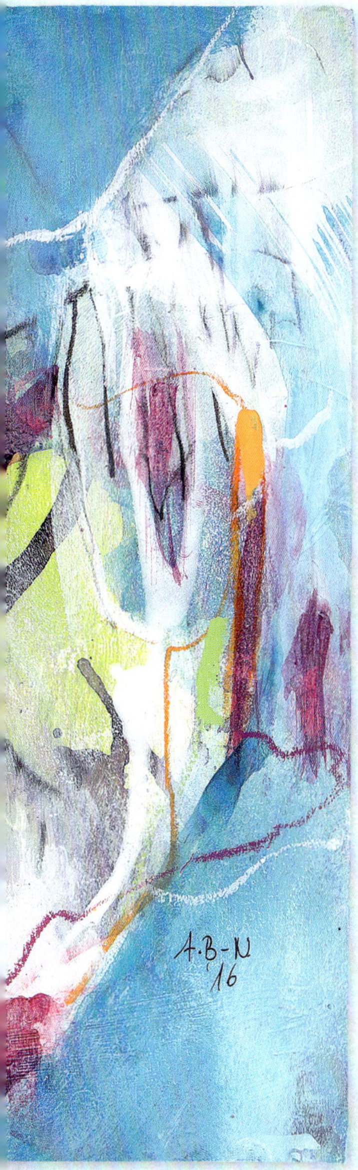

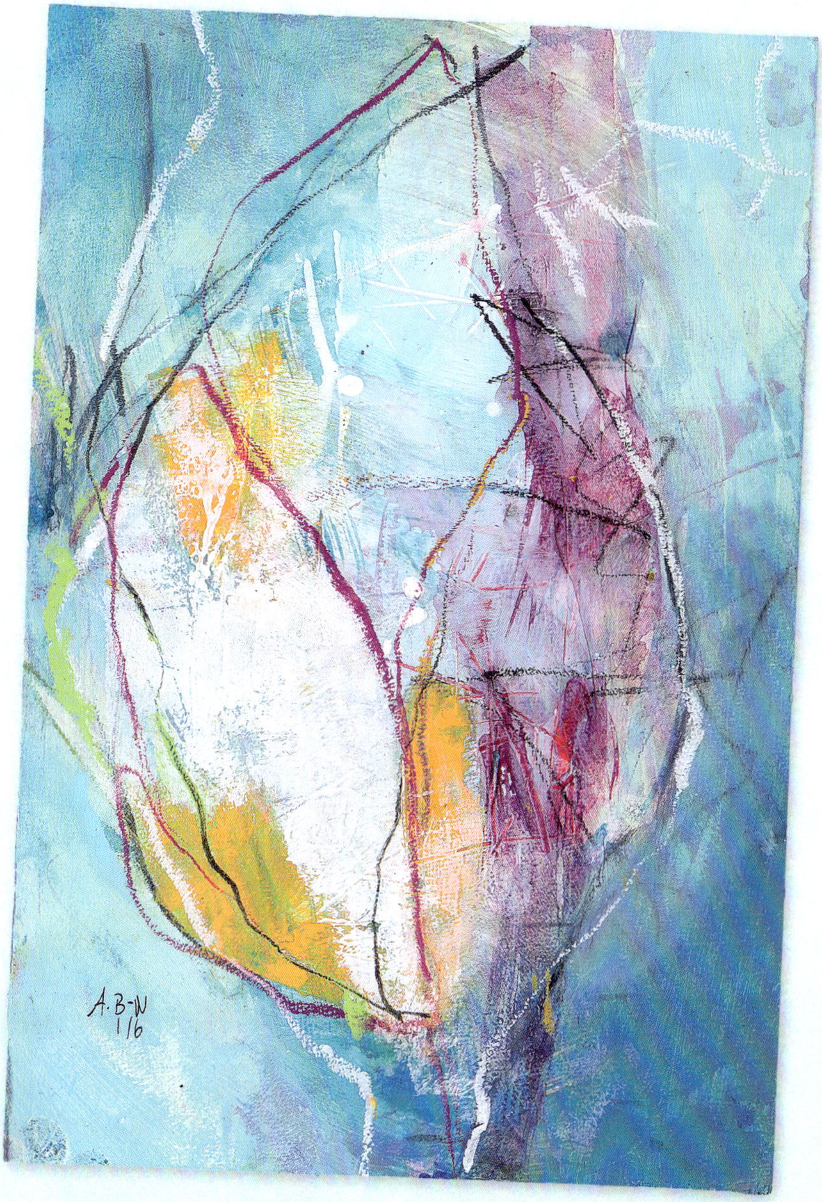

In dieser auf Papier gearbeiteten Serie sind die **Linien** das dominierende Gestaltungsmerkmal.
Im Prozess werden die verschiedensten Linientypen eingebunden: Dunkle Tusche mit der **Pipette** aufgespritzt, pastose Linienspuren in Permanentrotviolett mit dem **Colour Shaper**, **Aquarellbuntstift** in Rotviolett (zum Teil angewaschen), an- und abschwellende Linien mit wasservermalbarem **Grafitstift**, die für leichte Grauschattierungen sorgen, ein dicker weicher **Ölkreidestick** (in Hellgrün und Weiß) und Kratzzeichnungen in die satten feuchten Farbflächen. Verbunden mit den ruhigen, zurücktretenden blau-türkisen Farbflächen, die zwischen die gezeichneten Schichten gelegt werden, entsteht durch die Linien eine Konzentration im Bild und trotz der intensiven Farben wirken die Bilder leicht und zart.

Die Struktur

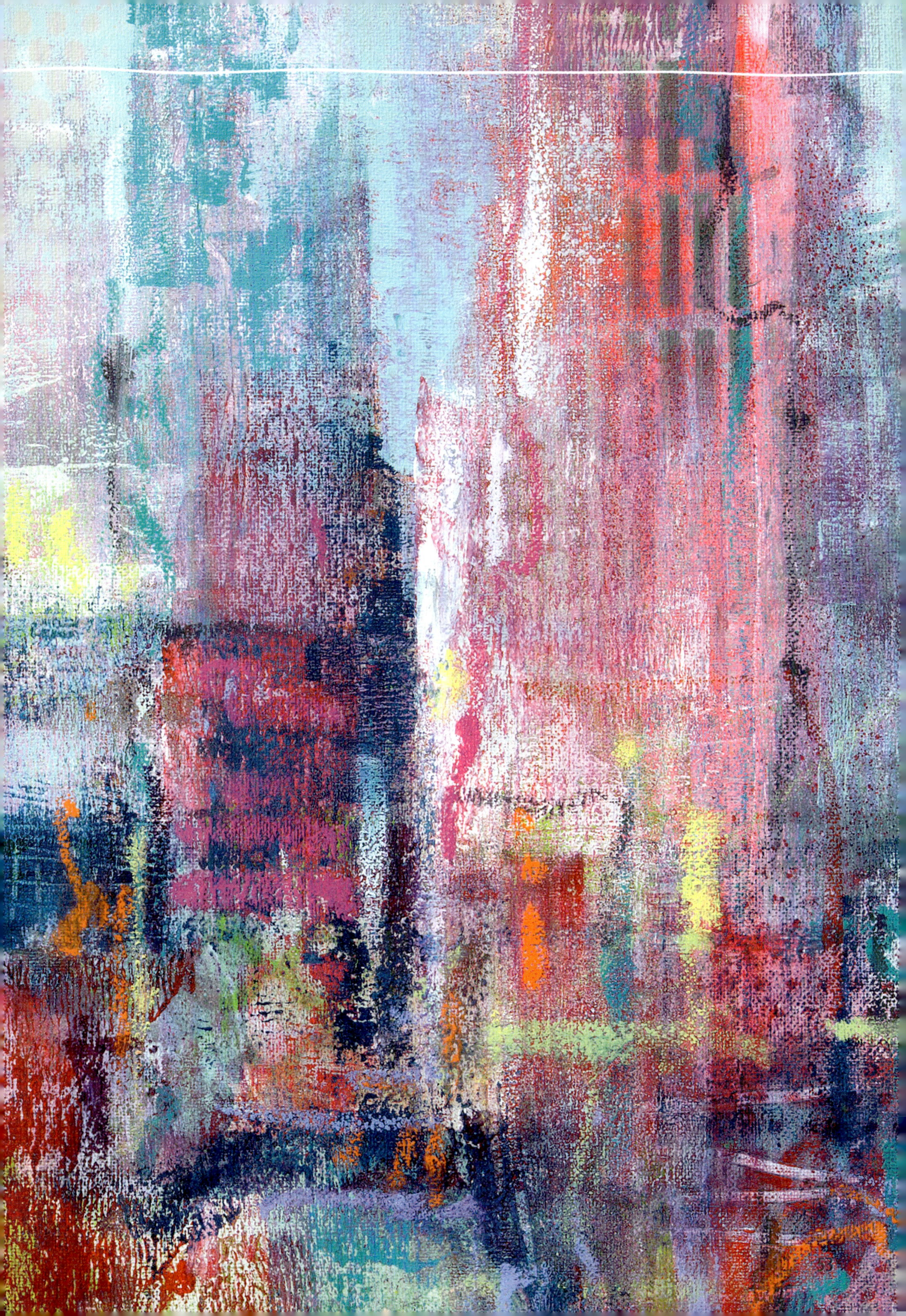

Die Struktur

Strukturen bringen das Bild in die **dritte Dimension** und können der Arbeit Tiefe verleihen. Das Experimentieren mit Strukturen ist ungeheuer spannend, besonders dann, wenn Materialien gewählt werden, die ein Eigenleben haben und den Zufall zulassen.

Strukturen in Bilder einzubeziehen setzt einen feinfühligen Umgang mit den Farben voraus, denn Strukturen werden häufig mit zu viel pastos aufgetragener Farbe zugedeckt. Wie schade, denn dadurch geht viel von den schönen Oberflächen verloren. Flüssige Farben, wie verdünnte Acrylfarblasuren, Tusche oder Airbrush-Farbe, eignen sich besser, um Strukturen zu bemalen. Auch Beize, die nach dem Trocknen wasserlöslich bleibt und bei anschließenden Farbaufträgen immer wieder hindurchschlägt, wirkt mit ihrer transparenten Farbigkeit sehr gut auf Strukturen.

Ich versprühe Farbe auf Strukturen sehr gerne mit Wasser oder lasse zwei Töne ineinander fließen. So kann ich die Besonderheit der Struktur ganz einfach herausstellen. Nur wenn die Komposition zu unruhig ist, bemale ich Teile des Bildes mit dickeren Farbschichten, um dadurch die Flächen zu beruhigen.

Reliefgebende Materialien

Sand, Kaffeepulver, Putz, Papier oder Stoffe, die mit Acrylbinder, Wandfarbe oder Gesso geklebt werden, sind einige Beispiele, wie mit einfachen Mitteln Strukturgründe angelegt werden können. Diese Möglichkeit, einen Untergrund zu strukturieren, ist kostengünstig und die Materialien sind einfach zu bekommen. Baumaterialien, wie z. B. Haftputzgips, eignen sich ebenfalls sehr gut, um künstlerisch zu arbeiten und sind zudem sehr preiswert.

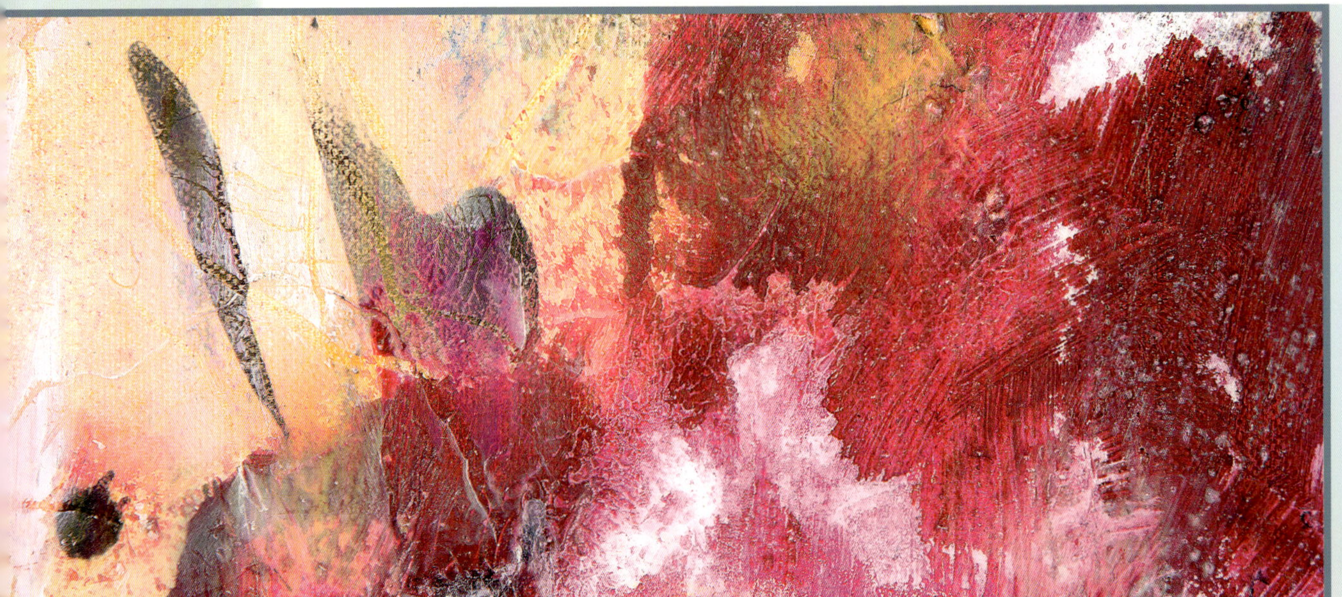

Sand, Putz und Acrylfarbe mit anschließender Wachsschicht.

Farbe-an-sich-Struktur

Auch nur mit der Acrylfarbe selbst ist es möglich, Strukturen zu schaffen. Pastos z. B. mit dem Palettmesser, der Rakel, dem Colour Shaper oder der Linolwalze aufgetragene Farben ergeben nach dem Trocken eine reliefartige Oberfläche, die herausgearbeitet werden kann. Durch den Zusatz von transparenter Spachtelmasse kann man diese Wirkung verstärken, obwohl die Farbigkeit transparent bleibt und durchscheint – ein toller Effekt.

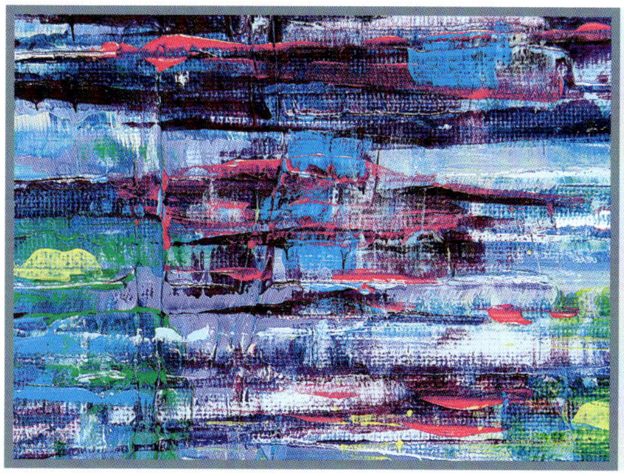
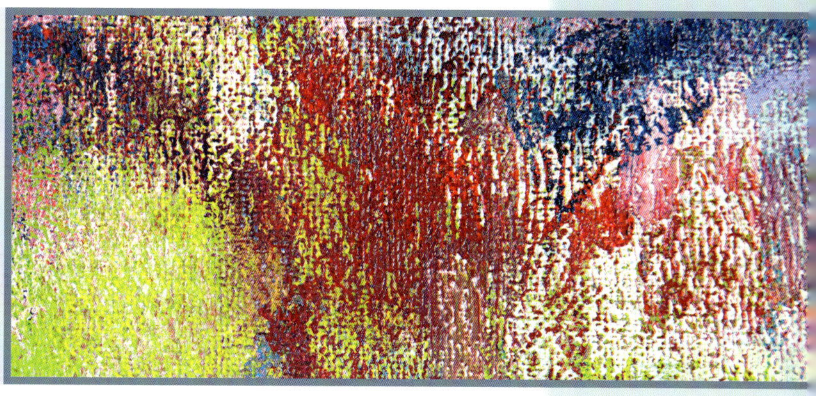

Mit dem Colour Shaper gezogene (links) und mit der Linolwalze und wenig Druck aufgerollte (rechts) pastose Farbe.

Schabloniert, gesprüht

Zu manchen Themen passen schablonierte Strukturen sehr gut. Lochbleche, Gitter und andere Schablonen werden auf den Malgrund gelegt, an den Rändern abgedeckt und mit Sprühfarbe besprüht. Auf diese Art und Weise kann auch mit Schriftschablonen gearbeitet werden. Je nach Dicke des Sprüh-Auftrags sind die Musterungen in sich zusätzlich strukturiert.

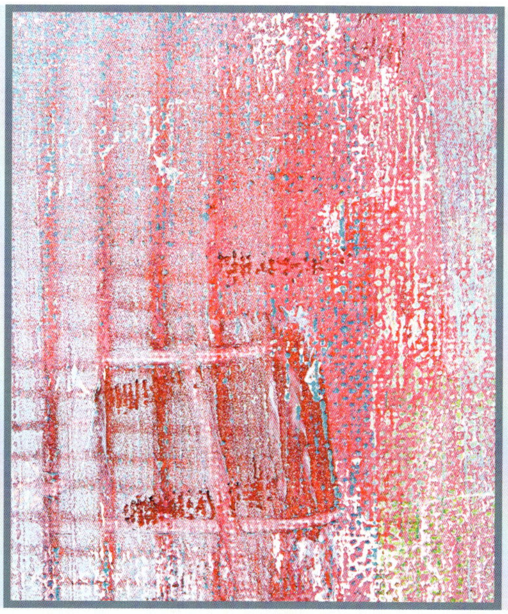
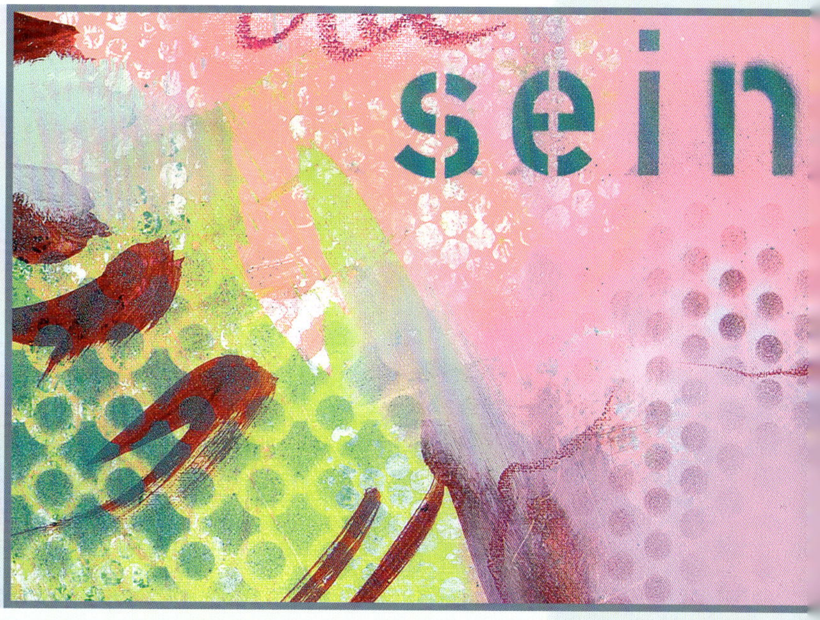

Gitterschablone am Beispiel „Abstrahierte Städte" (links) und „Pop Art" (rechts) mit Schriftschablone mit Sprühfarbe.

Marmorierte Strukturen

Ein weites Experimentierfeld ergibt sich durch flüssige Materialien, die einander abstoßen. Dabei sind marmorierte Strukturen einzigartig und können Flächen auf besondere Art und Weise beleben.

Der „Marmoreffekt“ entsteht dadurch, dass sich ölige (oder lösungsmittelhaltige) und wässrige Komponenten gegenseitig abstoßen und so die typischen „Marmorstrukturen“ bilden.

Mögliche Mischungen sind zum Beispiel:

- Lösungsmittelhaltiges Bitumen und flüssige Acrylfarbe
- Lackfarbe und Acrylfarbe
- Sprühfarbe auf Wasserfilm
- Schellack und Tusche (oder andere wasserlösliche, flüssige Farben)
- Spiritus und Beize

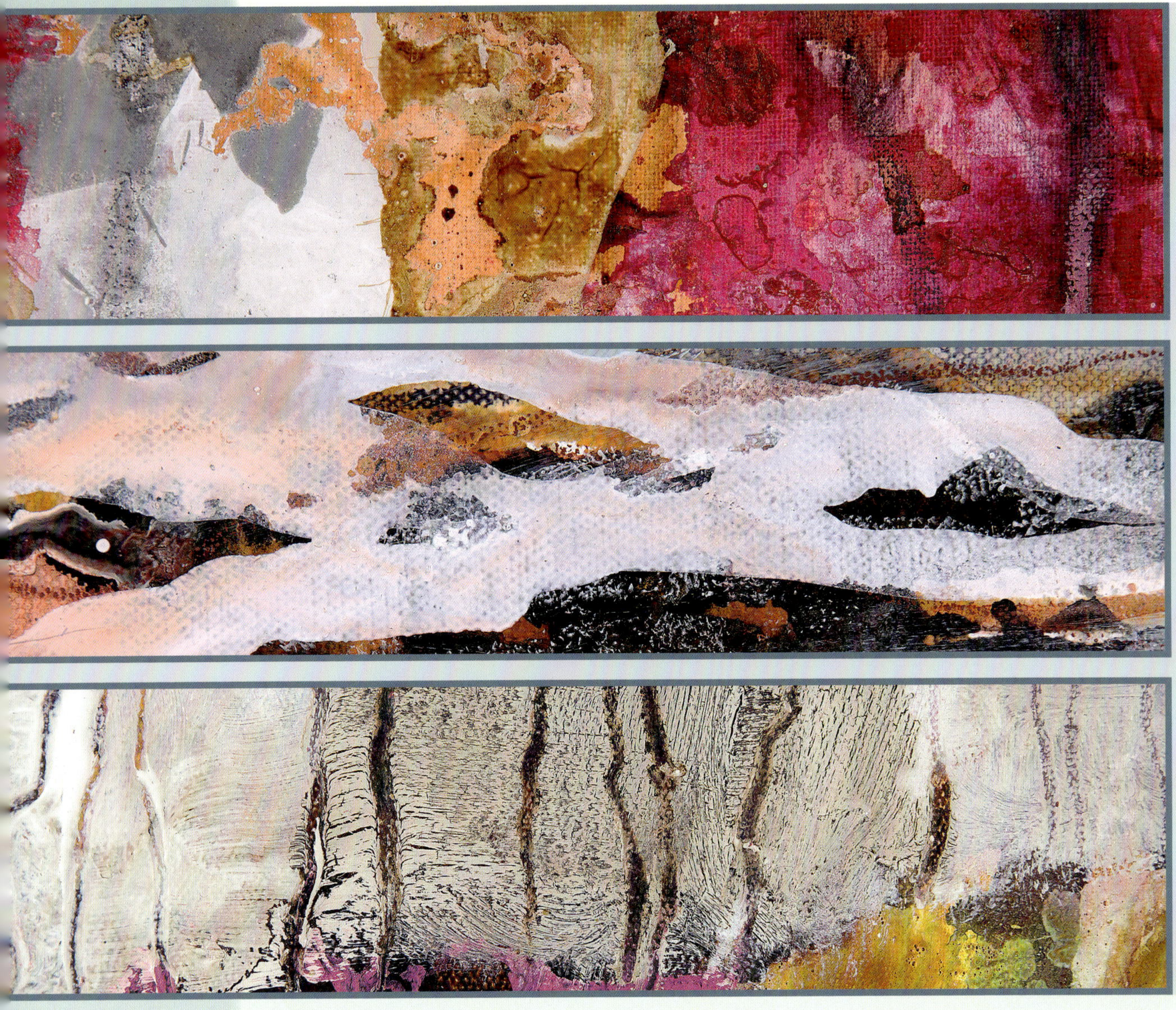

Oben: Schellack und Tusche. Mitte: Schellack, Tusche, weiße Beize. Unten: Acrylemulsion und Lithopone auf Schellack und löslichem Kaffee.

Strukturen unter Wachs

Wachs gibt es als natürliches oder synthetisches Produkt. Das bekannteste natürliche Wachs ist sicher das Bienenwachs. Synthetische Wachse sind meist aus Erdöl hergestellt und bestehen aus Paraffin. Für die künstlerische Arbeit sind beide gleichermaßen gut geeignet.

Die nur aus der Nähe sichtbaren, zarten Oberflächenstrukturen erzeuge ich mit Wachs- oder Paraffinschichten, die durch den Pinselauftrag oder durch Einritzen und einen anschließenden Auftrag von Ölfarbe sehr feine Schichten entstehen lassen.

Die Wachsaufträge und die dünnen Ölfarbeinreibungen lassen die Acrylfarben der Untermalung hindurchschimmern und verleihen der Arbeit Tiefe. Auch können collagierte Zeichnungen eingewachst werden, was die Elemente miteinander verbindet.

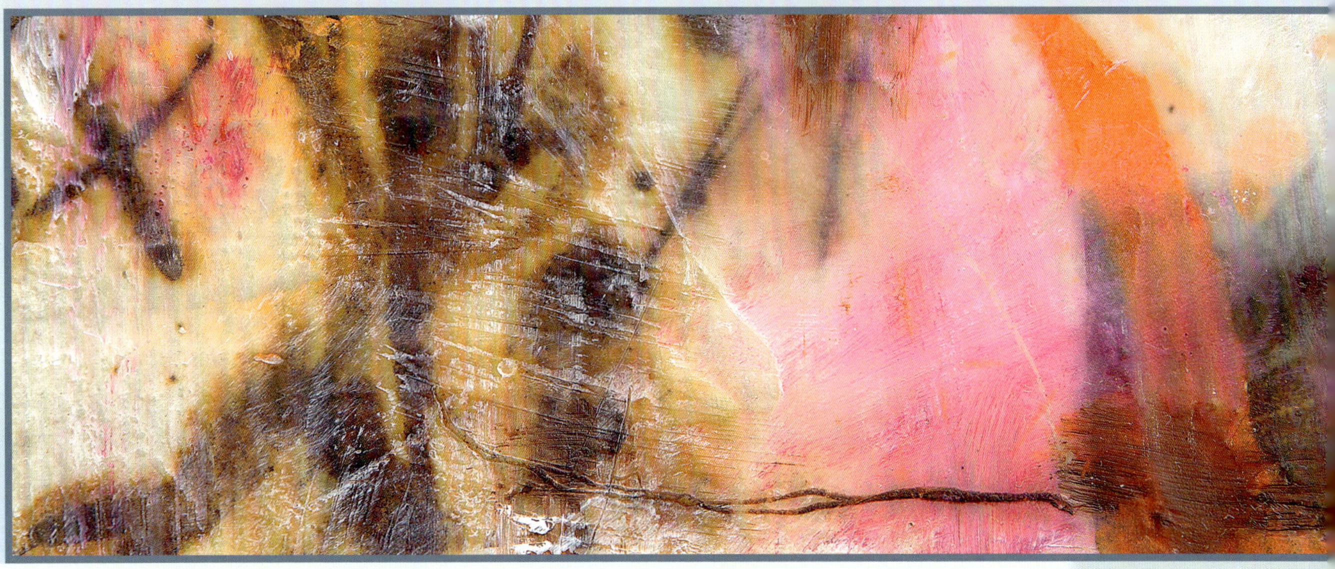

Oben: Collagepapiere mit Rost und Acrylfarbe unter Wachs, mit Ölfarbauftrag. Unten: Collagepapiere mit Rost und Acrylfarbe unter Wachs, mit Ölfarbauftrag und geritzten Linien

Reliefgebende Materialien: „Florale Abstraktion“

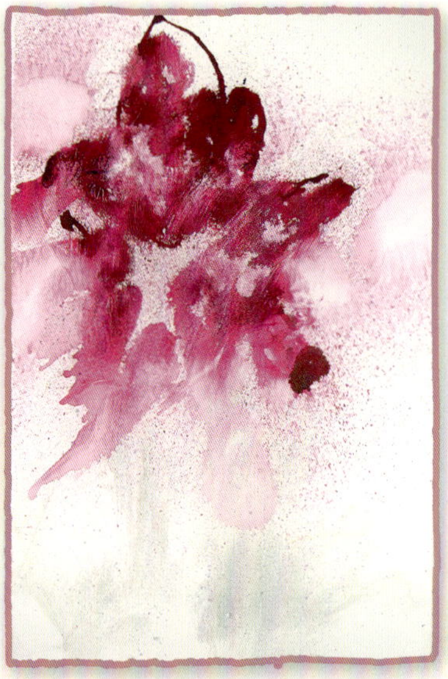

Bei Arbeiten mit collagiertem Untergrund ist für die spätere Struktur die **Art des Papiers** entscheidend: Zeitung ergibt eine stärkere Struktur als z. B. Seidenpapier, Packpapier wiederum eine viel dickere Struktur als Zeitung. Auch Stoffe können eingeklebt werden. Wandfarbe als Grundierung und Klebemittel ist die preiswerteste Variante, Gesso erfüllt den gleichen Zweck, aber in Künstlerqualität.

1 Als Erstes lege ich den Strukturgrund an: Papier (Zeitung) und Sand werden mit Wandfarbe auf dem Malgrund „festgeklebt“ und weiß grundiert. Nun muss der Untergrund gut trocknen. Dann setze ich mit lockerem Pinselschwung Formen mit magentafarbener Tusche auf das Format und sprühe sie teilweise an, damit sie verlaufen.

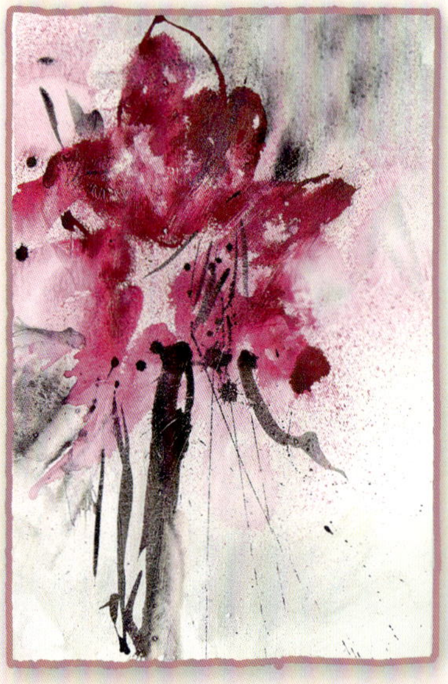

2 Nun verrühre ich das Pigment Caput mortuum dunkel mit Acrylemulsion und Wasser und male mit dem dicken Chinapinsel (Kalligrafiepinsel) Linien in den unteren Bereich. Die sehr flüssige Farbe hinterlässt auch ein paar Spritzer.

3 Jetzt folgt der Hintergrund, also die bisher unbehandelte Fläche. Mit dem breiten Borstenpinsel trage ich locker und nicht zu gleichmäßig verdünntes Elfenbein und Goldgelb auf. Die Farbe ist leicht transparent, sodass die unteren Schichten hindurchschimmern.

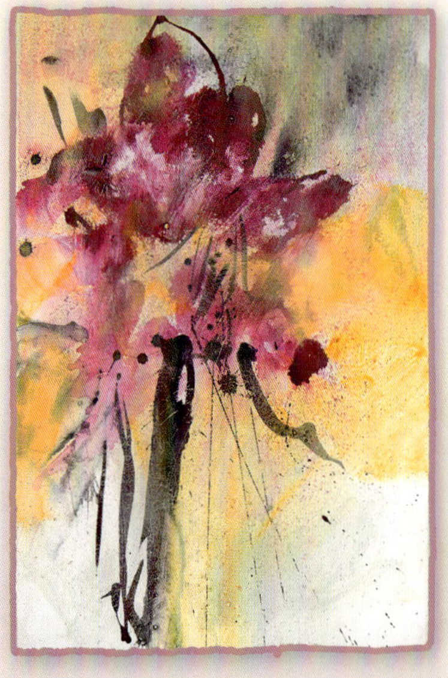

Material:

• Leinwand 60 x 40 cm • Wandfarbe, Zeitungspapier und Sand als Strukturgrund • Acrylfarben in Elfenbein und Goldgelb • Ölfarben in Titanweiß, Kaltgrau, Rubinrot und Azurblau • Tusche in Magenta • Pigment in Caput mortuum dunkel, Acrylemulsion und Kunststoffbehälter zum Anrühren • Paraffin, Topf im Wasserbad zum Schmelzen, Pinsel 2“ zum Auftragen • dicker Aquarellpinsel • Borstenpinsel 4“ • Chinapinsel • weicher Lappen • Radiernadel oder Nagel • Sprühflasche mit Wasser

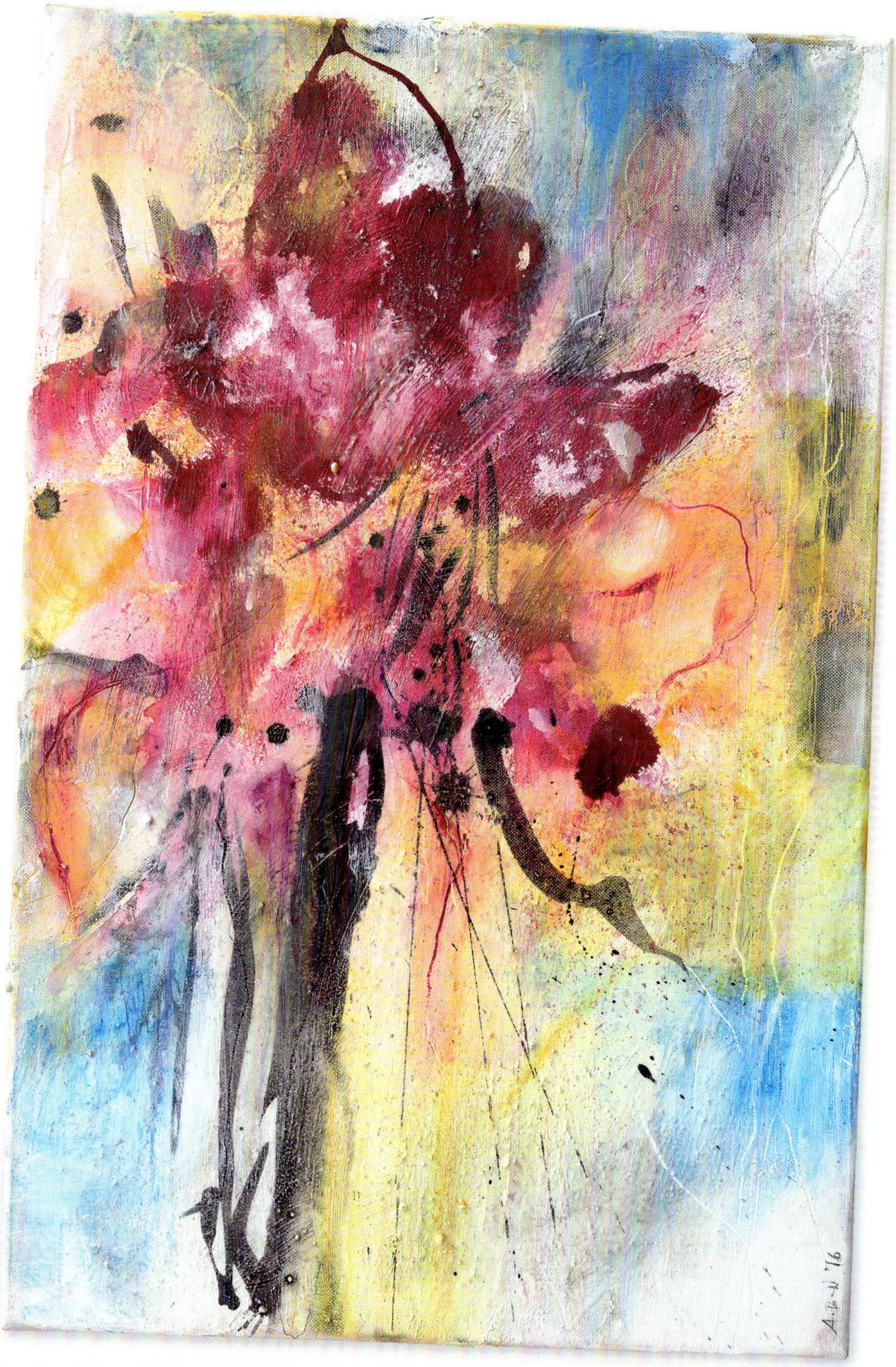

4 Dann trage ich mit dem Pinsel geschmolzenes Paraffin auf. Dies sollte zügig geschehen, denn das Paraffin erkaltet auf dem Pinsel sehr schnell. Besonders schön sind mit der Radiernadel eingeritzte Linienelemente auf den Paraffinflächen. In die Linien reibe ich mit dem Lappen Ölfarbe in Titanweiß, Kaltgrau und Rubinrot ein. Zur Steigerung des Farbkontrastes habe ich mich zum Schluss dazu entschieden, zusätzlich azurblaue Ölfarbe mit dem Tuch aufzutragen, damit diese Bildbereiche mehr Tiefe erhalten.

Farbe-an-sich-Struktur und gesprühte Schablonen: „Abstrahierte Stadt“

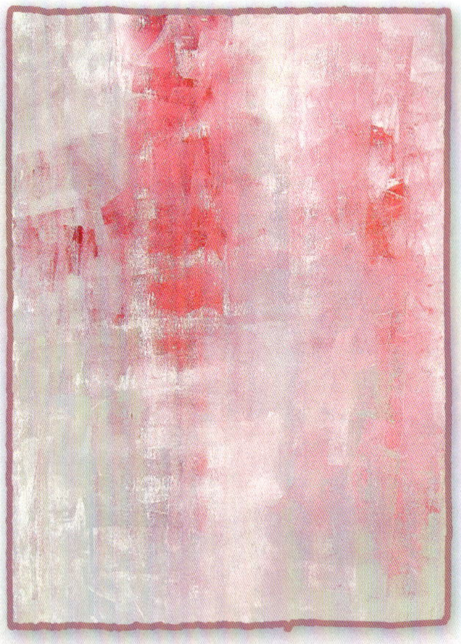

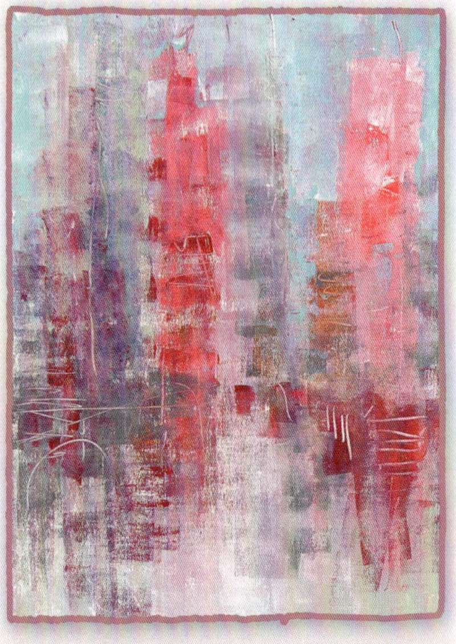

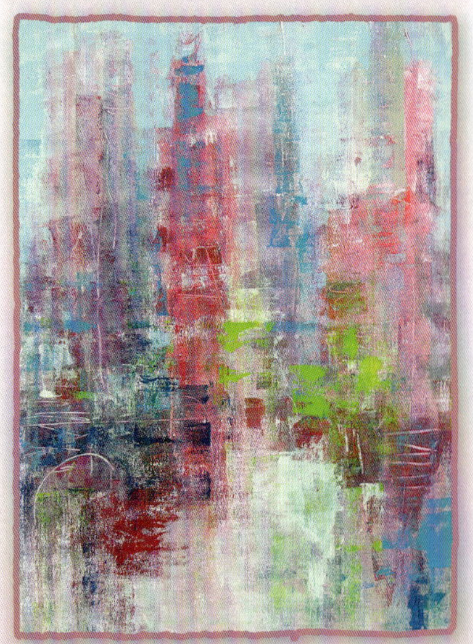

Bei diesem Bildbeispiel habe ich die abstrahierten Wolkenkratzer aus der Struktur herausgearbeitet, die die **Linolwalze** mit einem sehr dünnen Farbauftrag erzeugt. Ich beginne diffus und verwalze die Farbe sehr stark auf der Leinwand, sodass sich die Formen erst allmählich herauskristallisieren. Damit vermeide ich eine allzu plakative Anmutung und erreiche Vielschichtigkeit. Zudem ist das Arbeiten interessanter, wenn sich das Bild nach und nach in Schichten zusammenfügt und ich mich beim Anlegen des Bildes treiben lasse.

1 Auf einer Glasplatte verwalze ich mit der Linolwalze Acrylfarbe in Kieselgrau, Weiß, Hellgrau und Karminrot und bringe diese Farben so aufs Bild, dass sie sich ineinander verziehen und neue Mischtöne ergeben. Die Übergänge der Farben halte ich bewusst weich, d. h. es sind nur wenige klare Formen zu sehen. Nun lasse ich das Bild trocknen, damit die Strukturen beim weiteren Überarbeiten sichtbar bleiben.

2 Die nächste Lage ist Acrylfarbe in Himmelblau hell, Neutralgrau, Preußischblau und Terracotta. Jetzt trage ich die Farbe etwas dicker auf und verwalze die Übergänge nicht ganz so stark wie bei der ersten Schicht. So entstehen Verdichtungen, und einige Gebäudeteile zeichnen sich schon ab; die Ordnung wird klarer. Die hellblauen und grauen Bildanteile treten zurück, die dunkleren grauen und rötlichen Elemente kommen nach vorne. Das schafft Tiefe. Ein paar Kratzspuren in den dicken Farbschichten im Vordergrund ergeben weitere Rhythmen.

3 Um die Farbklänge noch vielschichtiger zu gestalten, gebe ich im nächsten Auftrag Himmelblau hell, Preußischblau, Grünblau, Permanentrotviolett und Elfenbein dazu. Durch die Kontrastfarbe Grün entsteht in der rechten Bildhälfte eine Art Zentrum.

Material:

• Leinwand 70 x50 cm • Acrylfarben in Kieselgrau, Weiß, Hellgrau, Elfenbein, Karminrot, Himmelblau hell, Neutralgrau, Preußischblau, Terracotta, Brillantgrün, Grünblau und Permanentrotviolett • Schablonen (Lochbleche und Gitter) • Sprühfarbe in Azurblue light, Purple, Shrimp pastel, Lightgrey neutral • Ölpastellkreide in Violett, Purple, Pale Blue, Gelb und Orange • schmale Linolwalze • Glasplatte

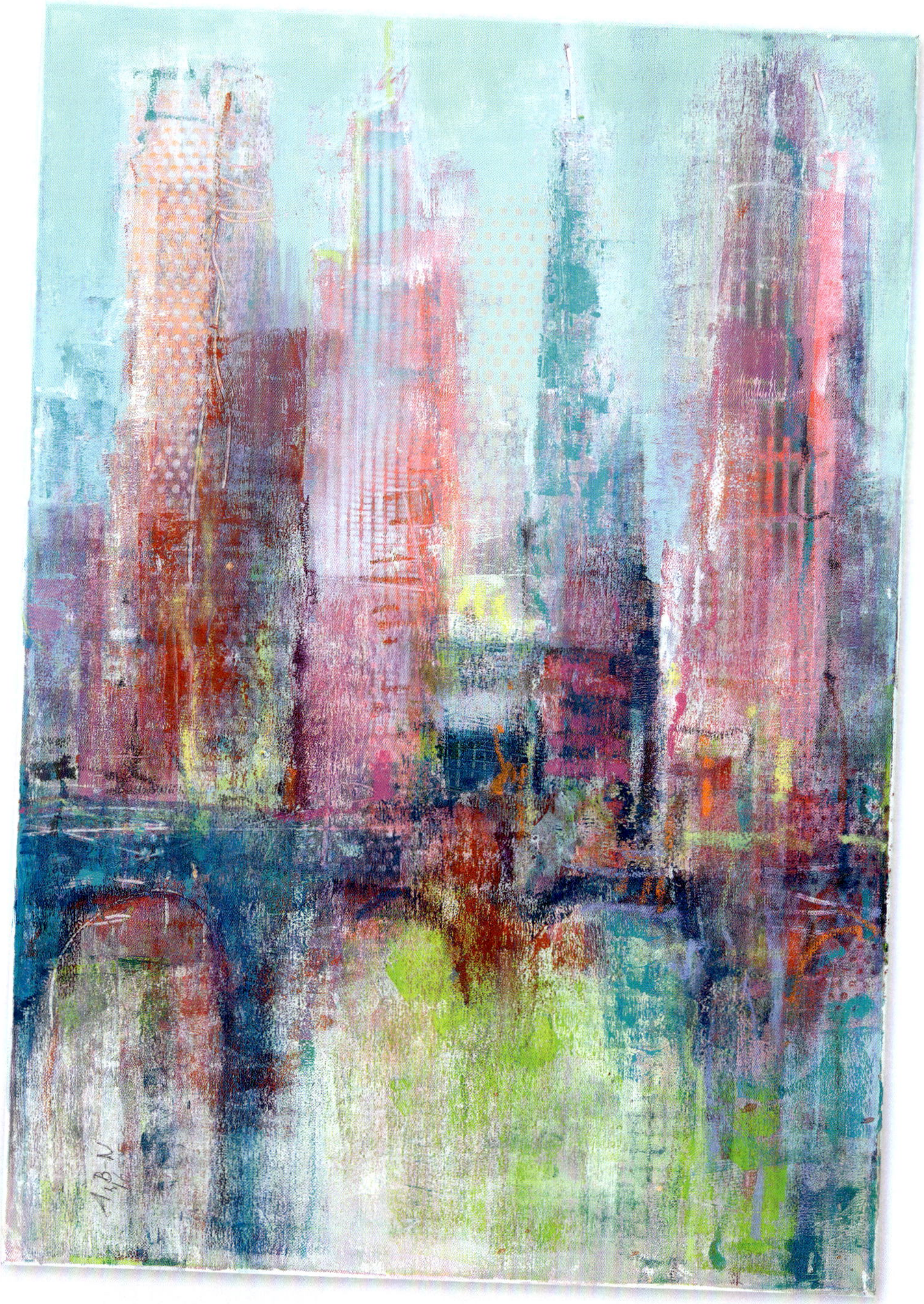

4 Mit Brillantgrün, Preußischblau und Permanentrotviolett walze ich nochmals Verdichtungen auf, um die Tiefe im Bild zu verstärken. Jetzt wird gesprüht! Mit verschiedenen Schablonen (Lochbleche und Gitter) und Sprühfarbe in Azurblue light, Purple, Shrimp pastel und Lightgrey neutral deute ich Fensterflächen und weitere Details an. Zum Abschluss kritzele ich mit Ölpastellkreide in Violett, Purple, Pale Blue, Gelb und Orange Linienelemente auf, um die Spannung zu erhöhen und den Vordergrund durch Details weiter herauszuarbeiten.

Farbe-an-sich-Struktur: „Gerakelte Spiegelungen"

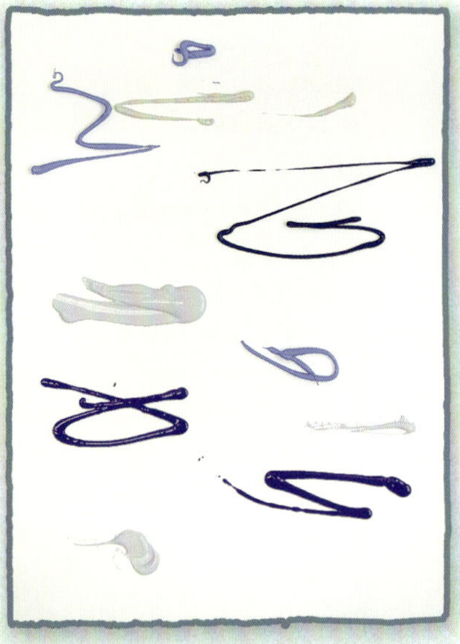

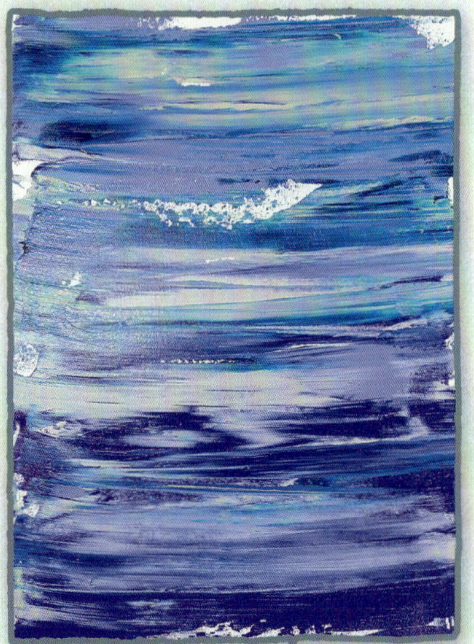

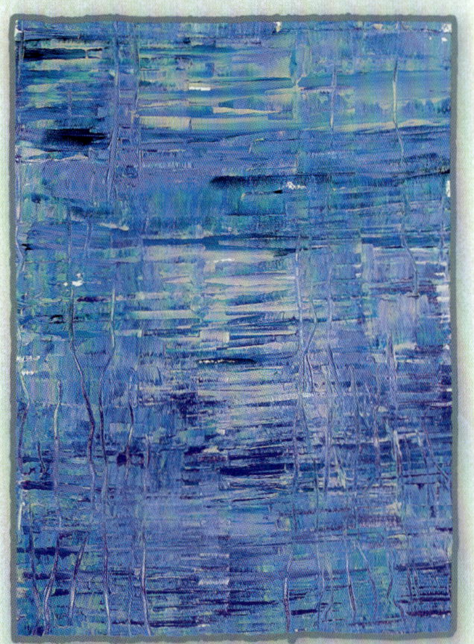

Auch bei dieser Arbeit wird die Struktur nur mit dem Werkzeug und geschichteter Farbe erzeugt. Das Besondere ist der **Rhythmus** der Struktur. Im bewegten Wasser wird die gespiegelte Form durch die Wellen gebrochen und es entsteht eine **waagerechte** und **senkrechte** Ordnung.
Das Auftragen mehrerer sehr pastos verwendeter Acrylfarbschichten ermöglicht Verdichtungen und Kontraste und es entsteht eine reliefartige Oberflächenstruktur, die weiter herausgearbeitet werden kann.
Wie bei allen Techniken, bei denen ich die Farben direkt auf der Leinwand mische, wähle ich zuerst Töne, die schöne Mischungen ergeben, z. B. eine Farbe in verschiedenen Nuancen, Töne zum Aufhellen oder zwei Primärfarben und verwandte Töne. Abzuraten ist von komplementären Klängen, weil sich dadurch die Farbigkeiten zu stark eintrüben (braun werden).

1 Die Acrylfarben (Kiesel, Hellgrau, Kobaltblau hell, Grünblau, Kobaltblau) drücke ich direkt aus der Tube auf die Leinwand.

2 Anschließend verziehe ich mit der breiten Rakel die Töne nass-in-nass miteinander. Dabei nehme ich die Rakel hochkant und ziehe sie quer über die Leinwand.

3 Da die Farbe sehr dick aufgetragen wird, ist sie beim nächsten Arbeitsschritt immer noch nass. Nun ziehe ich mit dem Colour Shaper senkrechte Rhythmen ein (von oben nach unten) und kratze mit dem Stiel senkrechte Linien hinein.

Material:
• Leinwand 50 x 70 cm • Acrylfarben in Kiesel, Hellgrau, Kobaltblau hell, Grünblau, Kobaltblau, Krapplack, Preußischblau, Gelbgrün, Magenta, Permanentrotviolett, Brillantblau, Farn und Kobaltgrün hell • breite Gummirakel • breiter Colour Shaper mit harten Kanten • Colour Shaper mit geschrägter Spitze

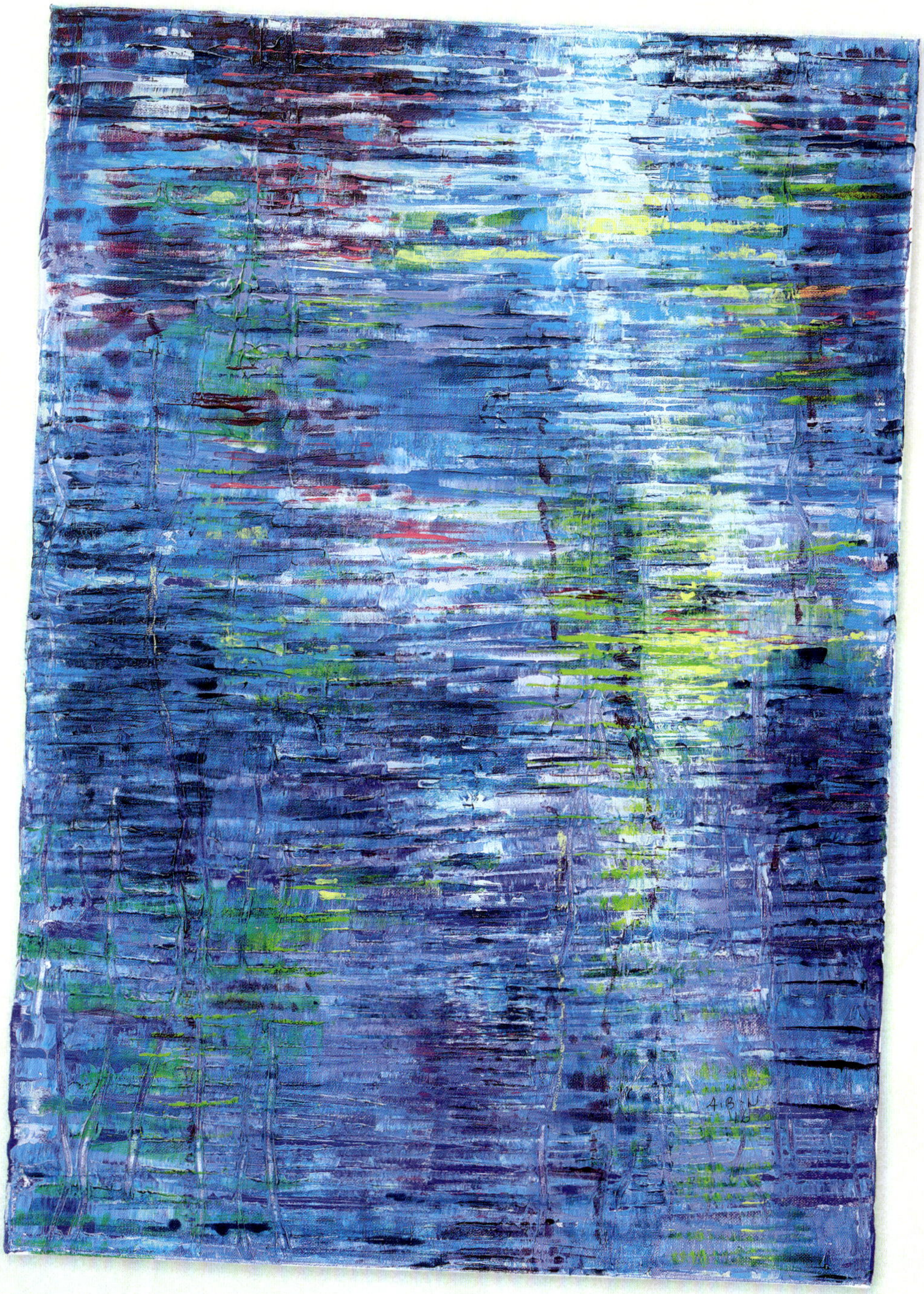

4 Weitere Verdichtungen und Rhythmen kommen dazu. Ebenfalls mit dem breiten Colour Shaper trage ich Permanentrotviolett, Grünblau, Brillantblau, Farn, Preußischblau und Kobaltgrün hell auf, sodass weitere Mischtöne entstehen und die Spannung erhöht wird. Nun setze ich noch ein paar Akzente und Kontraste mit Preußischblau (um die Tiefenwirkung zu verstärken) sowie Gelb und Grün. Einen weiteren Kontrast bekommt das Bild durch Linien, die senkrecht verlaufen und durch den Auftrag mit dem schrägen, pinselartigen Color Shaper durchbrochen sind.

Flüssige Strukturen und Marmorierungen: „Abstrahierte Landschaft“

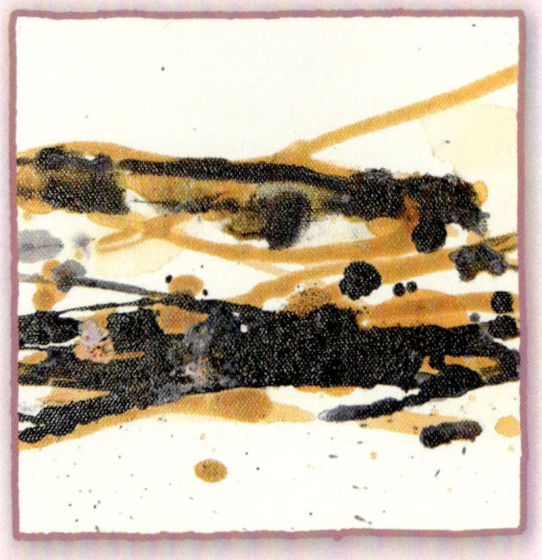

Marmorierungen erhalten wir immer dann, wenn sich Flüssigkeiten gegenseitig abstoßen und keine homogene Verbindung eingehen. Dies geschieht durch das Zusammentreffen **öliger** Anteile einer Flüssigkeit und **wässriger** Lösungen. Durch den Auftrag mit der Pipette können die Tusche und der Schellack linear aufgetragen werden; die entstandenen Tropfen und Strukturen bilden dazu einen spannenden Kontrast. Schellack ist eine harzige, etwas zähfließende Flüssigkeit, die es in verschiedenen goldig-braunen Tönen gibt. Bei dieser Serie habe ich die vier Keilrahmen nebeneinander gelegt und zusammen bearbeitet, um einen durchgehenden Rhythmus zu erhalten.

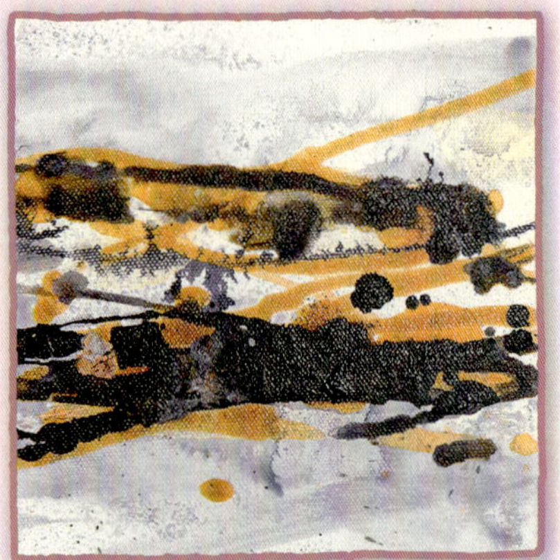

1 Mit der Pipette tropfe ich schwarze und weiße Tusche auf die Leinwand und ziehe schnell einige Laufspuren waagerecht über die vier Formate. Ebenso verwende ich hellen Schellack, der etwas zähfließender ist und breitere Linien ergibt. Er verdrängt die Tusche und breitet sich aus. Nun lasse ich die Malgründe trocknen.

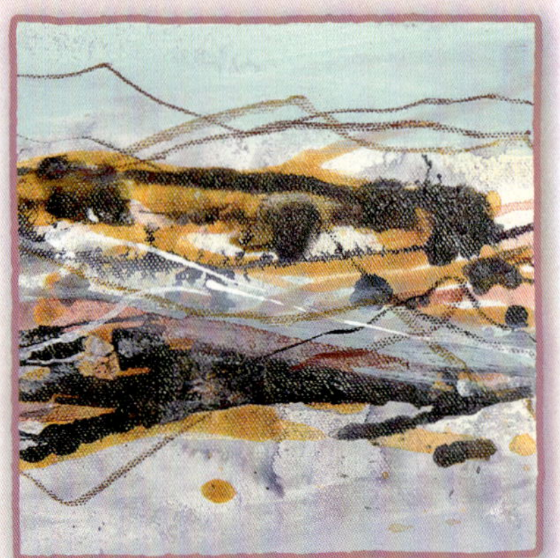

2 Mit dem Pinsel trage ich graue, mit Wasser verdünnte Schellacktusche auf, um den Hintergrund einzubinden. Die verdünnte Lösung perlt von den goldgelben Schellackspuren ab.

3 Mit dem trockenen Pinsel kommt nun im oberen Bereich der Serie Acrylfarbe in Kobaltgrün hell hinzu, am unteren Bildrand in Hellgrau. Mit der wasserlöslichen Grafitkreide in Ocker, Dark Brown und Sanguine ziehe ich Linien in die Komposition.

Material:

• Leinwände 40 x 40 cm • Acrylfarben in Kobaltgrün hell und Hellgrau • Tusche in Schwarz und Weiß und Pipetten • Schellack • Schellacktusche in Grau • wasserlösliche Grafitkreide in Ocker, Dark Brown und Sanguine • Kalligrafiepinsel

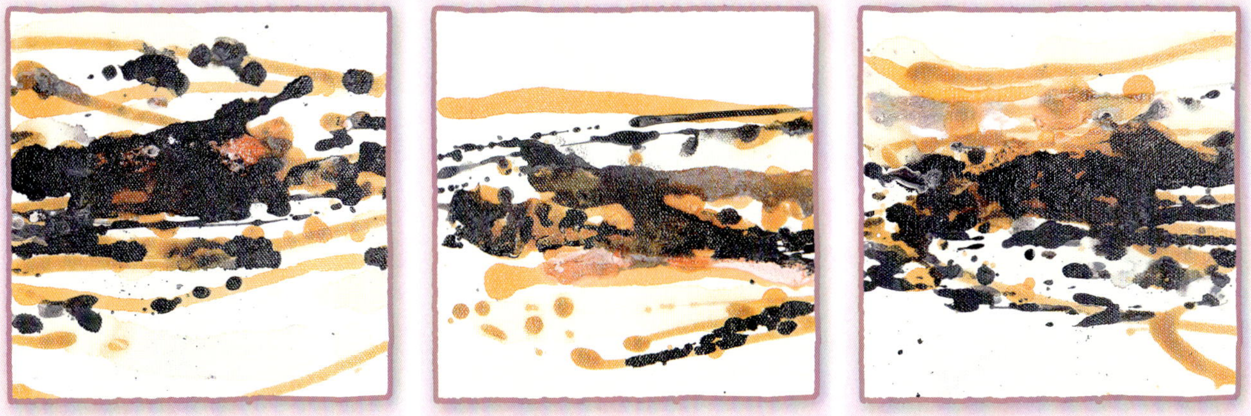

1

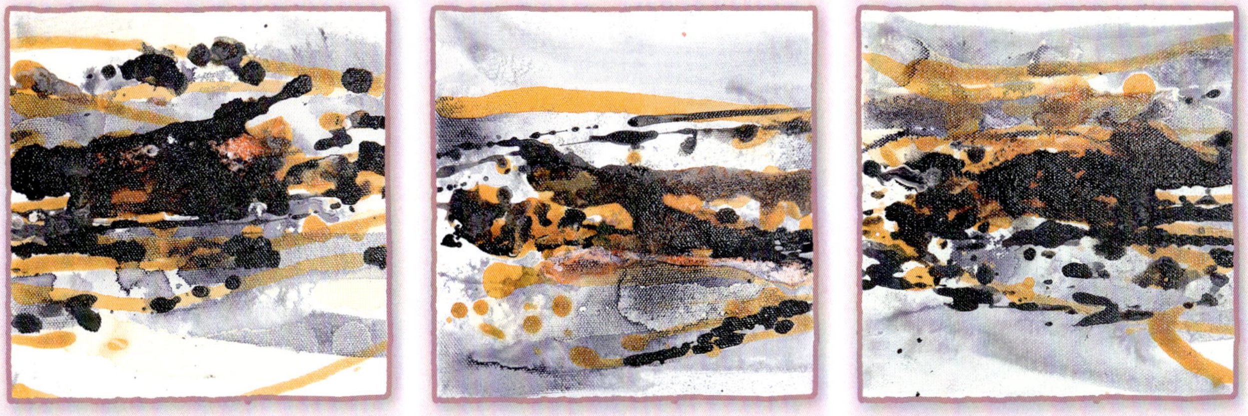

2

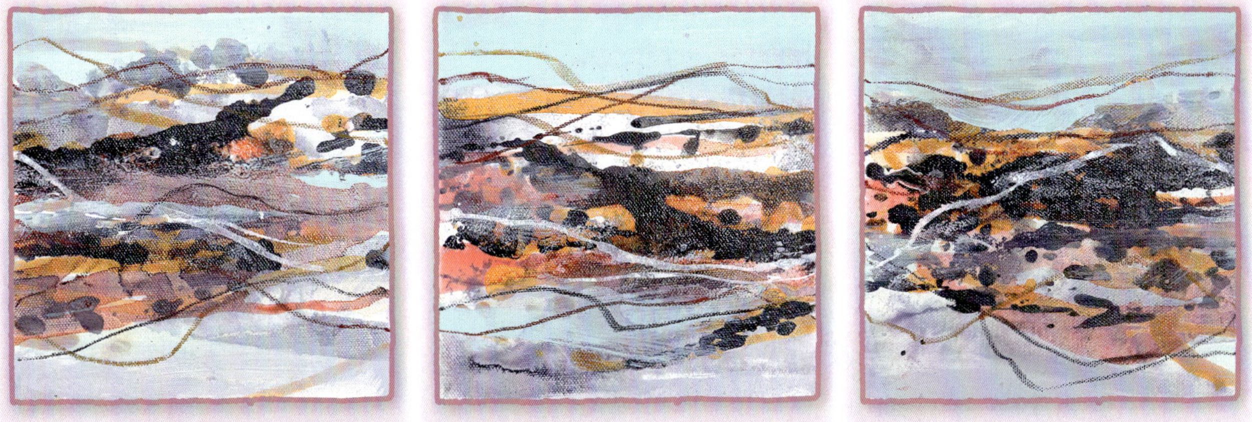

3

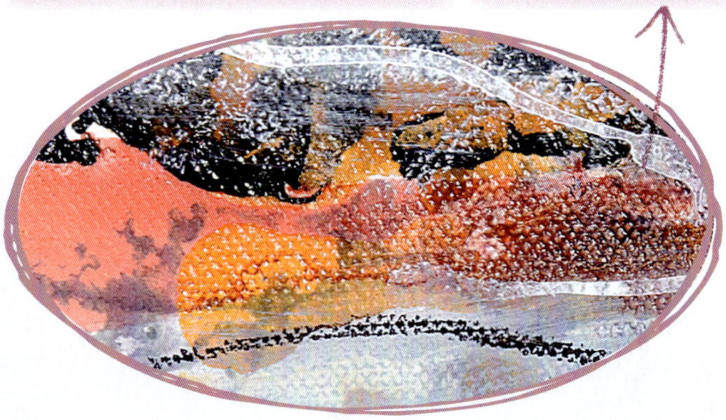

Detail:
Die Schichtung der unterschiedlichen Materialien und ihre spezifischen Oberflächenqualitäten bringen Spannung ins Bild. Schellack und Schellacktusche glänzen, verdünnte Acrylfarbe trocknet matt auf.

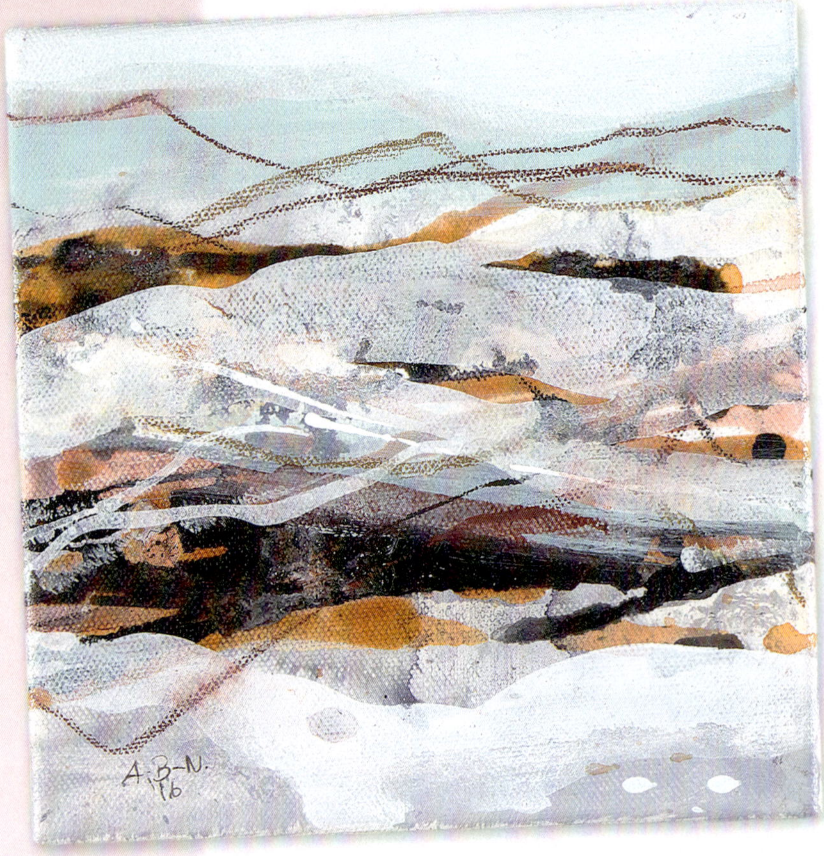

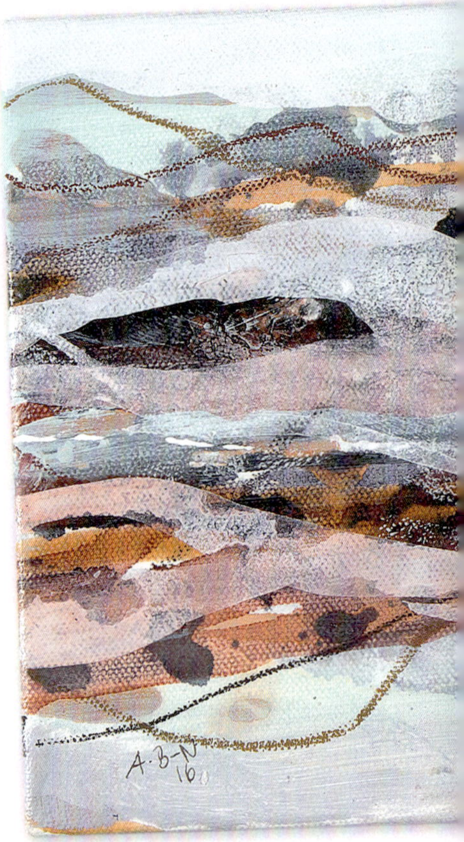

4 Um die sehr unruhigen Flächen zu beruhigen, lege ich mit dem Kalligrafiepinsel Spuren aus weißer Tusche über die Schellack-Tusche-Strukturen. Ein großer Teil der Untergrundgestaltung wird dadurch milchig weiß, aber dennoch durchscheinend abgedeckt. Diese Flächen treten nun optisch in den Hintergrund, in den Blickpunkt gehen dafür die dunklen und ockerfarbenen Elemente.

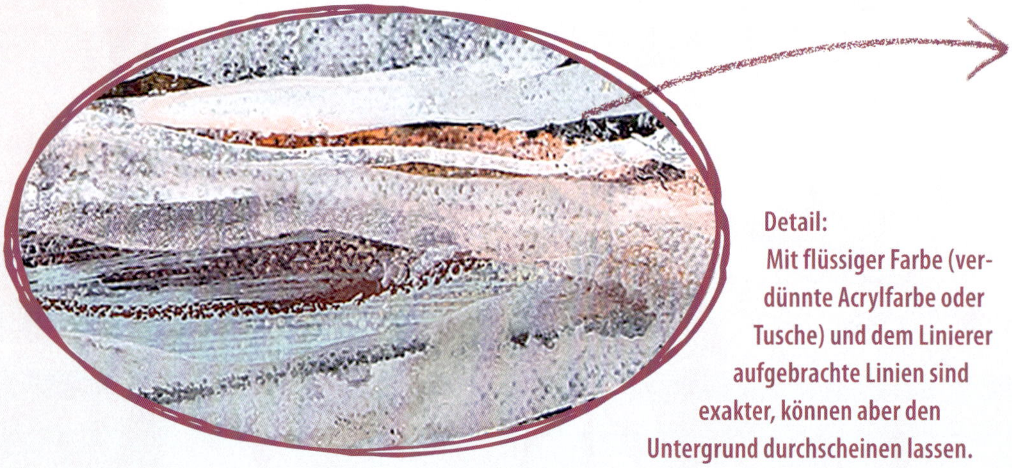

Detail:
Mit flüssiger Farbe (verdünnte Acrylfarbe oder Tusche) und dem Linierer aufgebrachte Linien sind exakter, können aber den Untergrund durchscheinen lassen.

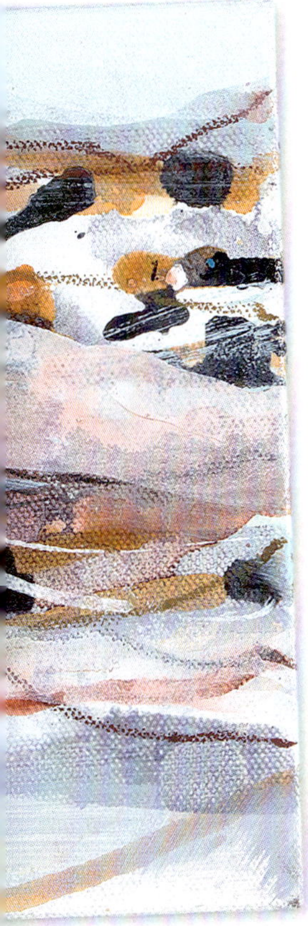

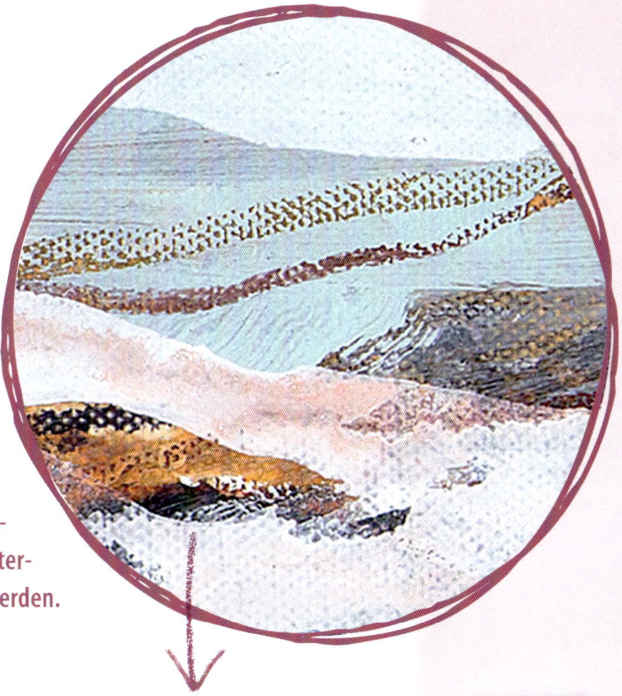

Detail:
Linien, die mit Stiften oder Kreide gezogen werden, lassen die Struktur des Leinwanduntergrundes sichtbar werden.

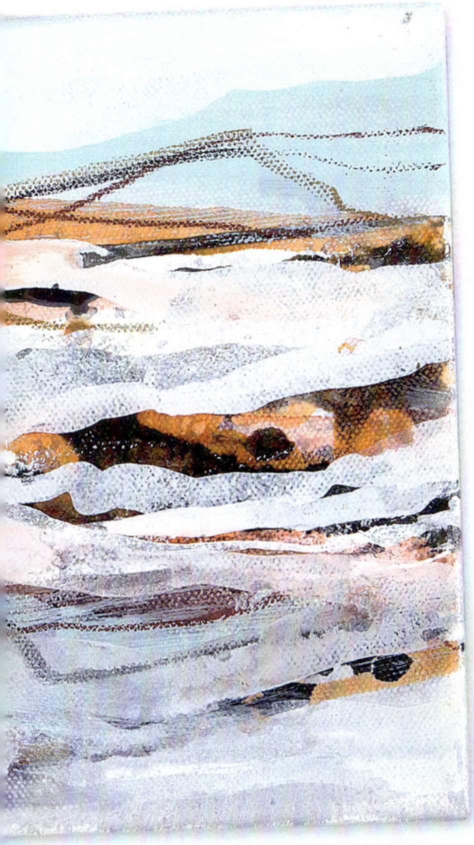

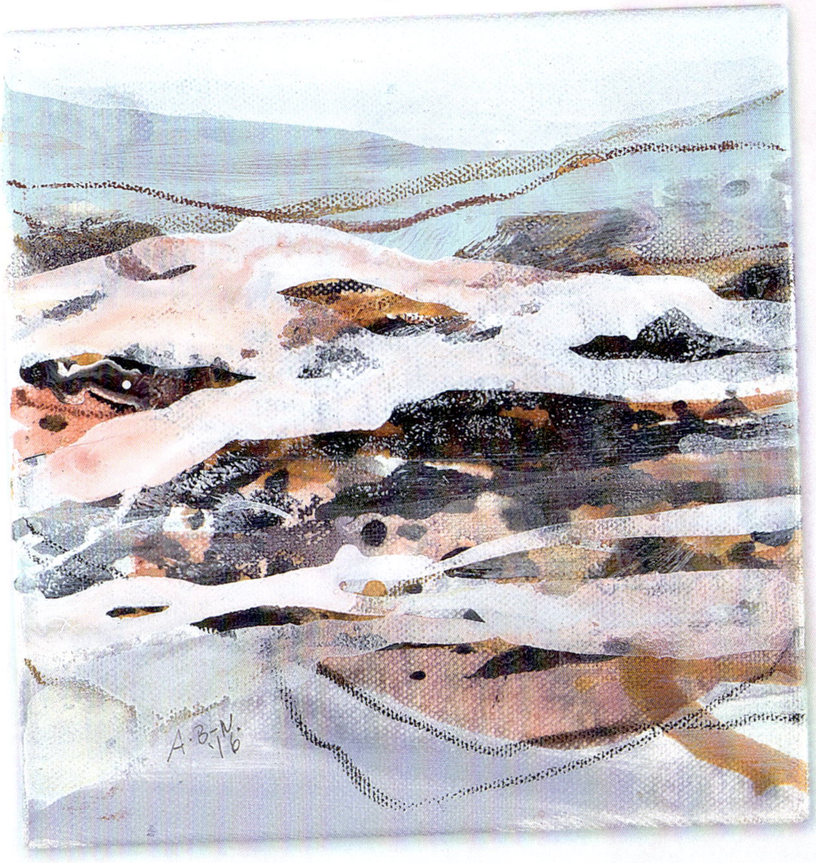

Flüssige Strukturen und Marmorierungen: „Abstrakt 1"

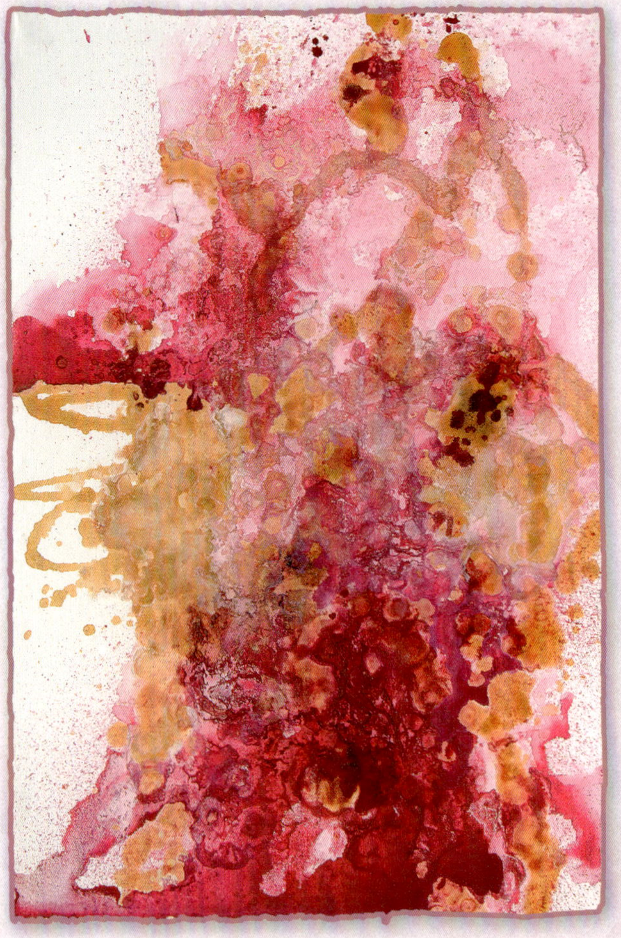

Der Klang aus **gebrochenen** und **reinen** Farben ist ein feiner **Qualitätskontrast**. Materialien, die sich bei der Überarbeitung wieder anlösen, wie z. B. der lösliche Kaffee und der Grafitstift, erzeugen trübe Farbigkeiten. Diese stehen im Gegensatz zur intensiven magentafarbenen Tusche. Aber Achtung: Die Kaffeefärbung schlägt bei allen weiteren Schichten wieder massiv durch und kann nicht mehr gänzlich übermalt werden.
Bei dem hier beschriebenen Bild „Abstrakt 1" und dem auf Seite 72 folgenden „Abstrakt 2" ist die Reihenfolge der verwendeten Materialien gleich, durch die unterschiedlichen Farben und Anordnungen entstehen aber zwei völlig unterschiedliche Ergebnisse.

BILDERSERIEN: Interessant wird serielles Arbeiten, wenn die Materialien in unterschiedlichen Gewichtungen und Mengen verwendet werden. Die Auswahl der Farbtöne ist entscheidend für die Stimmung im Bild und dafür, wie kontrastreich das Bild wird. Die Arbeit Abstrakt2 erhält durch die Tusche in Sepia und den resultierenden großen Hell-Dunkel-Kontrast viel mehr Spannung.

1 Die Tusche in Magenta tropfe ich mit der Pipette auf den Malgrund, den Schellack ebenfalls. Einige Ränder sprühe ich mit der Wasserspritze an, damit sie verlaufen.

Material:

• *Leinwand 40 x 60 cm* • *Acrylfarben in Karminrot, Hellgrau und Goldocker* • *Tusche in Magenta* • *Schellack* • *Acrylemulsion* • *Pigment in Weiß (Lithopone)* • *Kunststoffbehälter zum Anrühren* • *Löslicher Kaffee* • *Pipetten* • *Synthetikpinsel 2"* • *Borstenpinsel 4"* • *Ölpastellsticks in Violett, Purple und Weiß* • *wasserlöslicher Grafitstift* • *Sprühflasche mit Wasser*

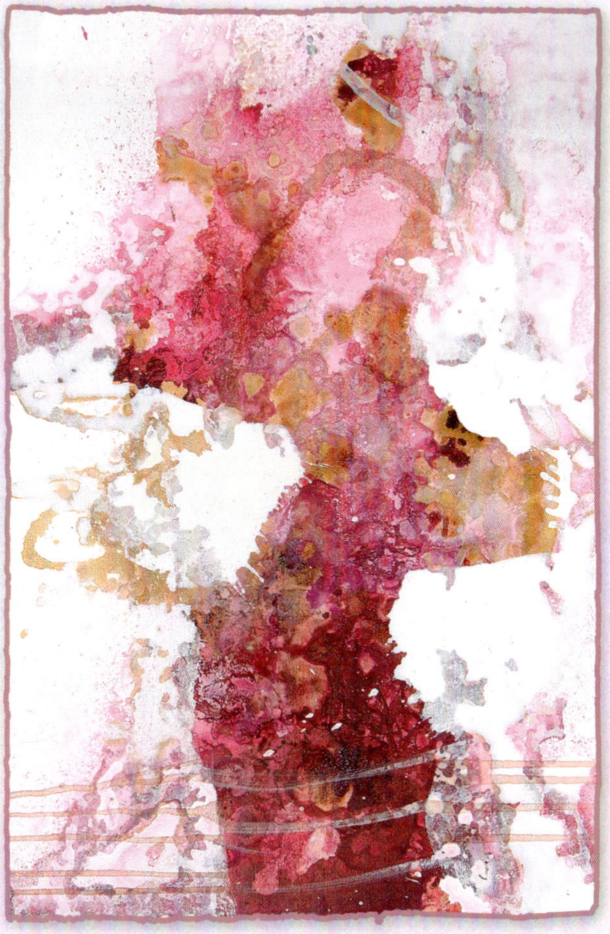

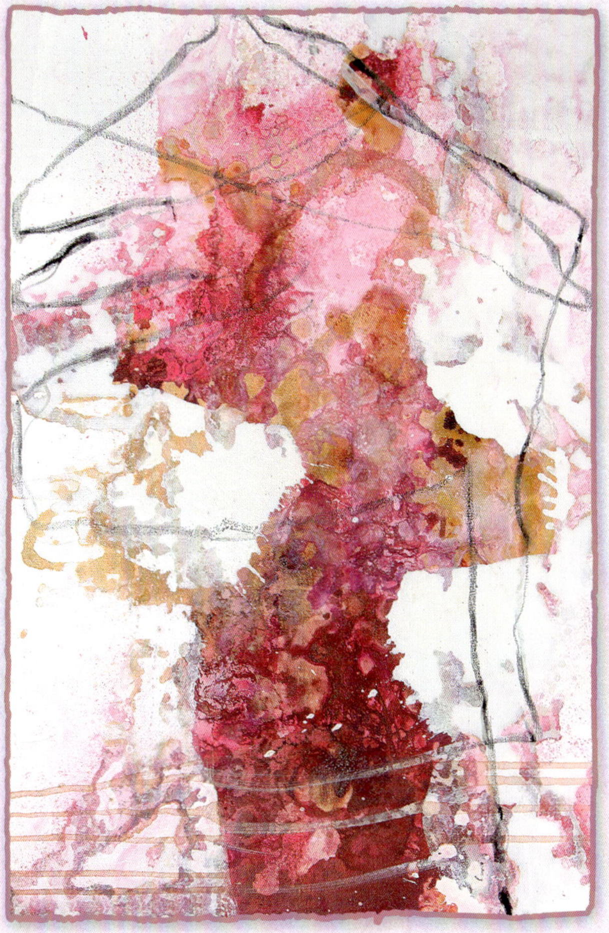

2 Nun verrühre ich Acrylemulsion und Lithopone (Weißpigment) mit Wasser und schlage mit dem breitem Pinsel Spuren auf. So entstehen die ausgefransten Kanten der Weißflächen.

3 Mit dem Grafitstift zeichne ich ein paar Linienrhythmen ein, die ich teilweise mit Wasser und einem Pinsel wieder anlöse.

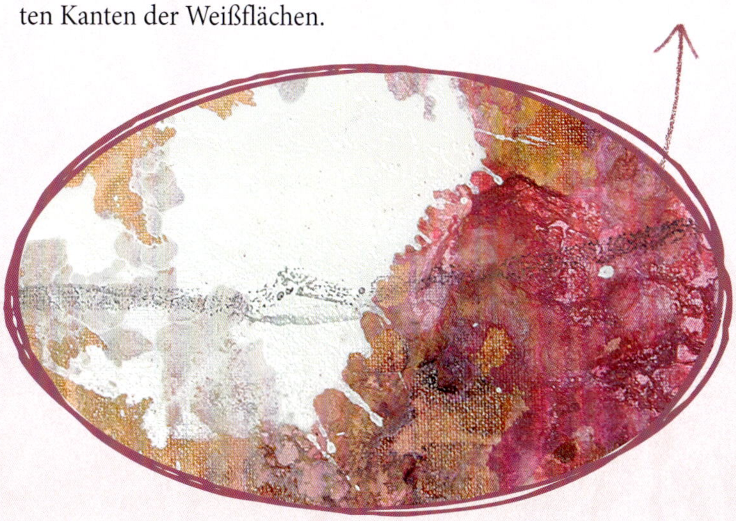

Detail:
Wenn der breite Pinsel mit der flüssigen Farbe (hier Acrylemulsion und Weißpigment) aufgeschlagen wird, wirkt die Kontur lebendig und locker.

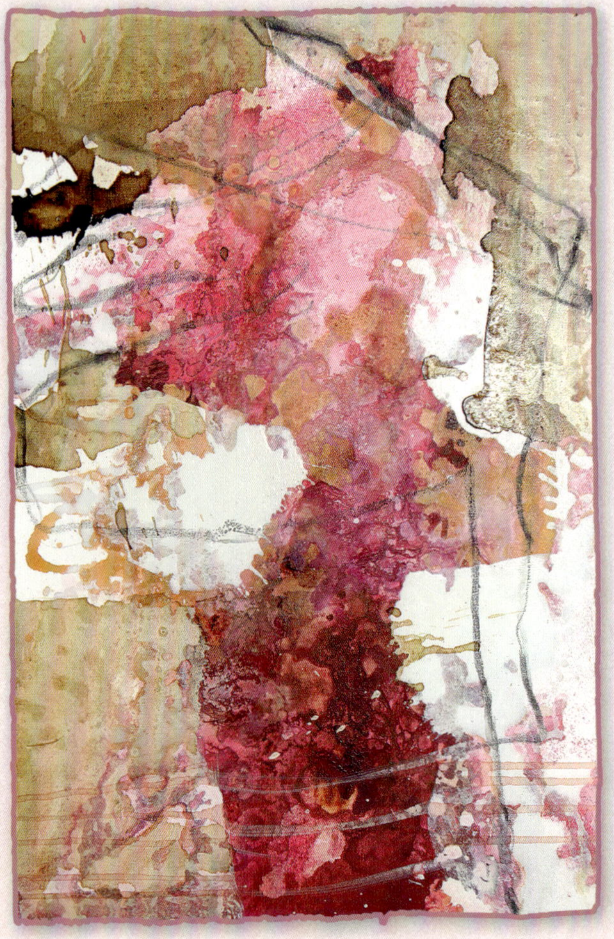

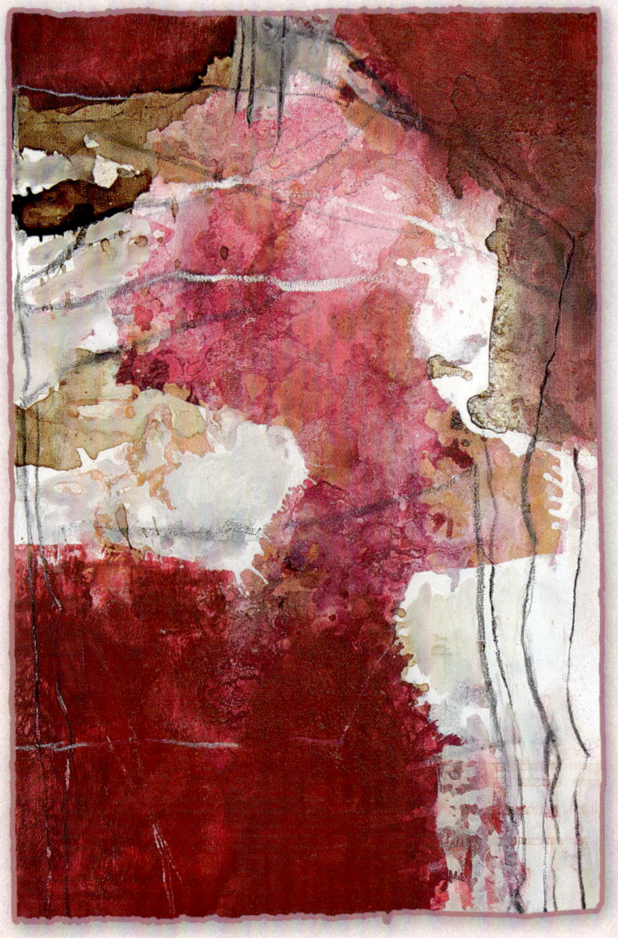

4 Jetzt rühre ich löslichen Kaffee mit Wasser an und trage ihn mit dem Synthetikpinsel 2" auf, um die bisher unbehandelte weiße Fläche in die Gestaltung miteinzubeziehen.

5 Als nächstes verdichte ich die Flächen mit Karminrot, damit die verschiedenen Größen der Flächen miteinander in Spannung gehen.

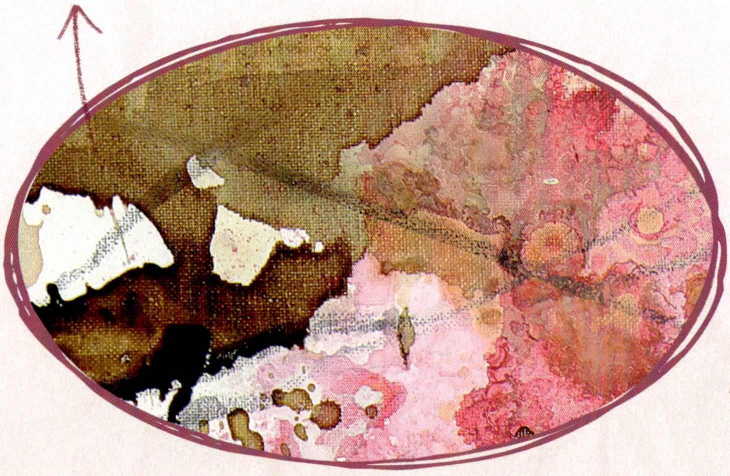

Detail:
Aufgelöster löslicher Kaffee, hier verdünnt aufgetragen, bringt einen warmen Farbklang in das Bild. Die Flächen bilden, ähnlich wie bei verdünnter Acryl- oder Aquarellfarbe, dunklere Ränder.

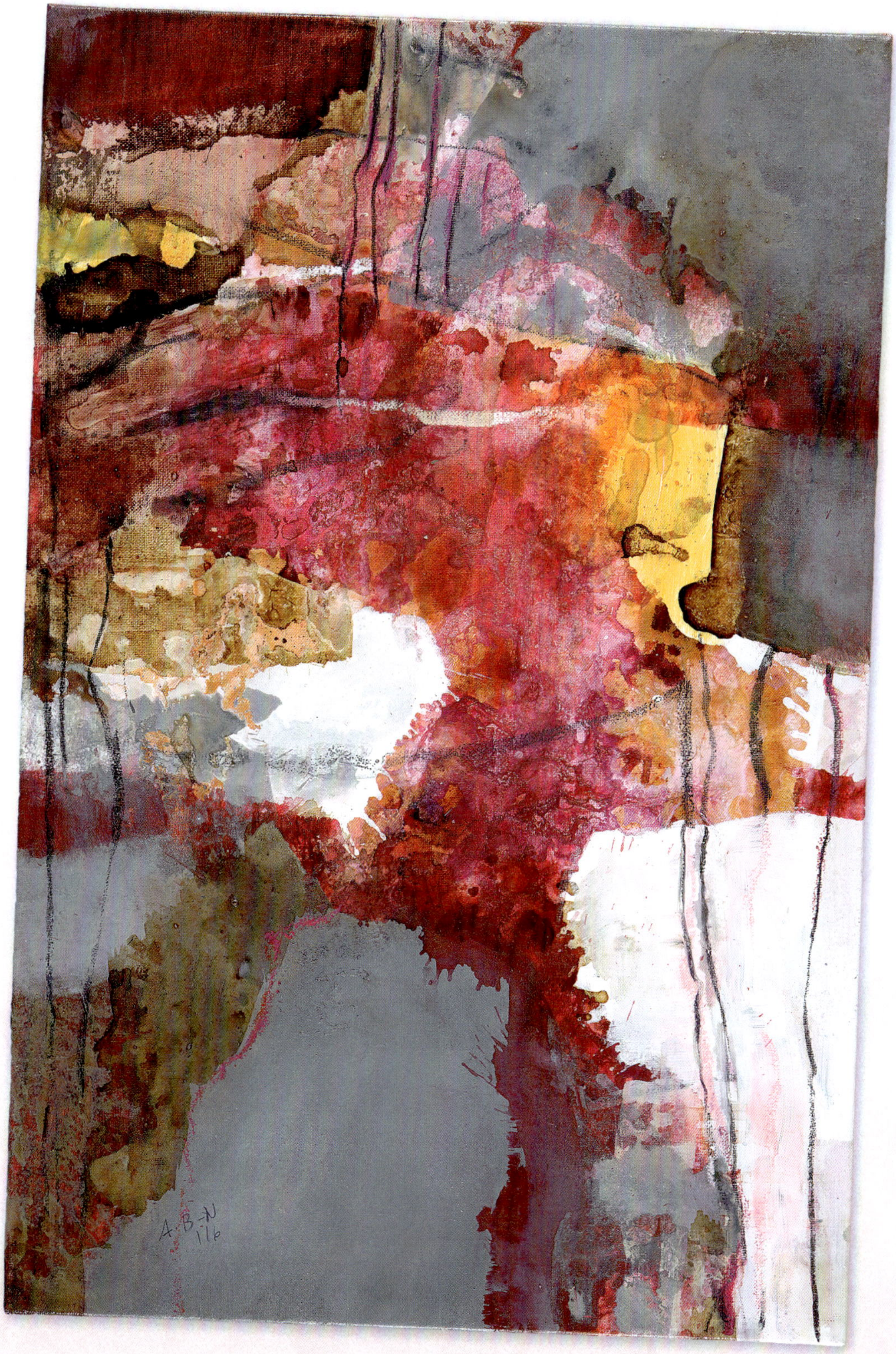

6 Die Komposition ist mir nun zu dicht und zu schwer, deshalb entscheide ich mich, Acrylfarbe in Hellgrau (trocken) und Goldocker (verdünnt als Lasur) mit breitem Pinsel aufzutragen. Zum Abschluss folgen noch ein paar Ölpastell-Akzente in Violett, Purple und Weiß.

Flüssige Strukturen und Marmorierungen: „Abstrakt 2"

Wie im Text zu „Abstrakt 1" erwähnt, kommen bei diesem Motiv die gleichen Materialien zum Einsatz, und auch die Reihenfolge der Arbeitsschritte ist identisch. Lediglich die zuvor verwendete Tusche in Magenta wird hier durch Tusche in Sepia ersetzt und zusätzlich wird Schellacktusche im Farbton Sanguine verwendet.

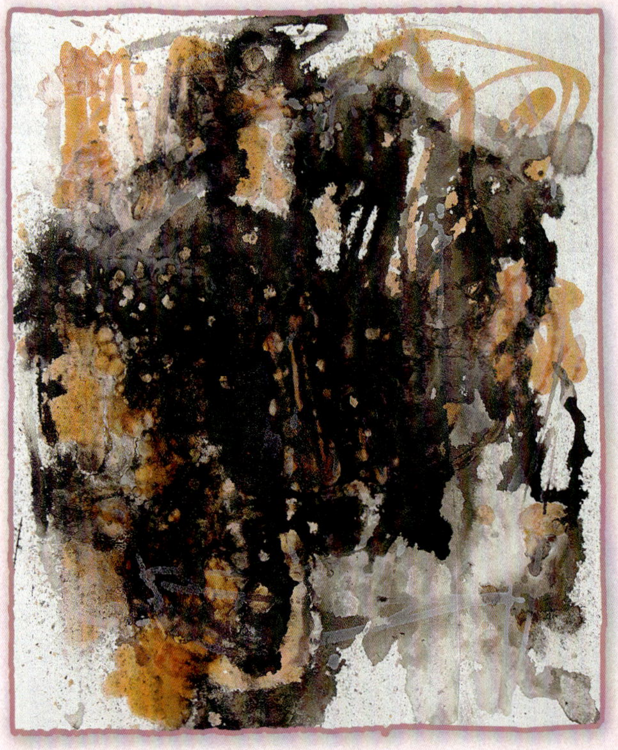

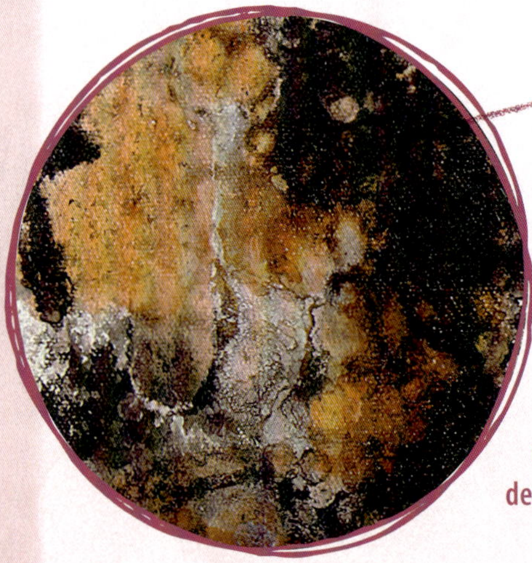

Detail: Besonders effektvoll wird die Marmorierung, wenn die verwendete Tusche sich farblich kontrastreich von der Farbe des Schellacks abhebt.

1 Als Erstes tropfe ich mit der Pipette Tusche in Sepia, Schellack und Beize in Weiß auf. Durch aufgesprühtes Wasser verlaufen die Farbflächen weich ineinander. Die dunkle sepiafarbene Tusche ist sehr intensiv und färbt eine große Fläche ein.

Material:

• Leinwand 50 x 60 cm • Acrylfarben in Karminrot, Hellgrau und Goldocker • Tusche in Sepia • Schellack • Beize in Weiß • Acrylemulsion • Pigment in Weiß (Lithopone) • Kunststoffbehälter zum Anrühren • Schellacktusche in Sanguine • Löslicher Kaffee • Pipetten • Synthetikpinsel 2" • Borstenpinsel 4" • wasserlöslicher Grafitstift • Sprühflasche mit Wasser

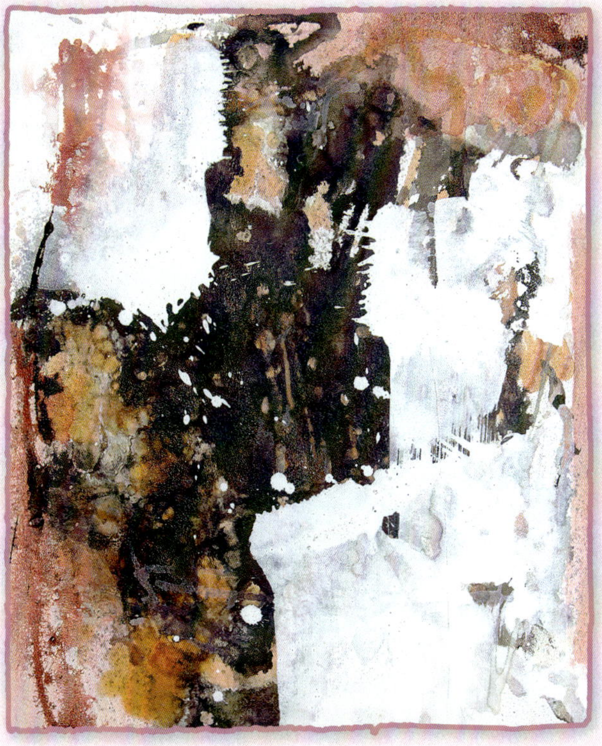

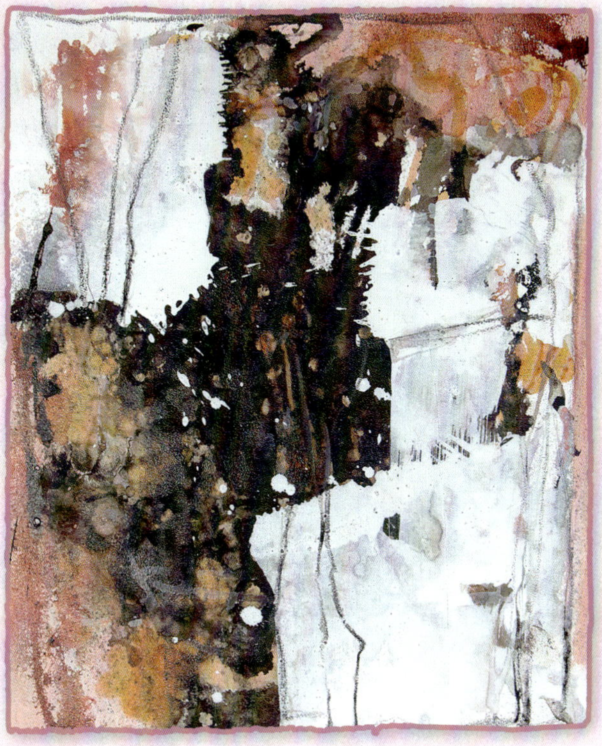

2 Auch hier besteht die zweite Schicht aus Acrylemulsion und Lithopone mit Wasser, die mit breitem Pinsel aufgeschlagen wird. Mit der Pipette träufele ich Schellacktusche im Farbton Sanguine dazu.

3 Nun unterbreche ich die weißen Flächen mit Grafitstift-Linien, die ich in Rhythmen dynamisch einzeichne. Dabei variiere ich den Druck des Stiftes, d. h. ich drücke den Stift mal fest und mal weniger fest auf.

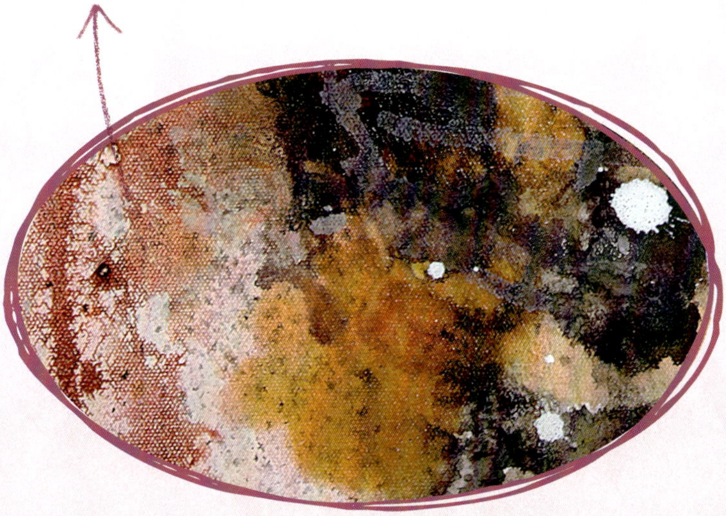

Detail:
Tusche ist farbintensiver als verdünnte Acrylfarbe und wurde hier ebenfalls angesprüht, damit sie fließt. Der Farbton „Sanguine“ ist ein gebrochener Rotton, der sich hier sehr harmonisch einfügt.

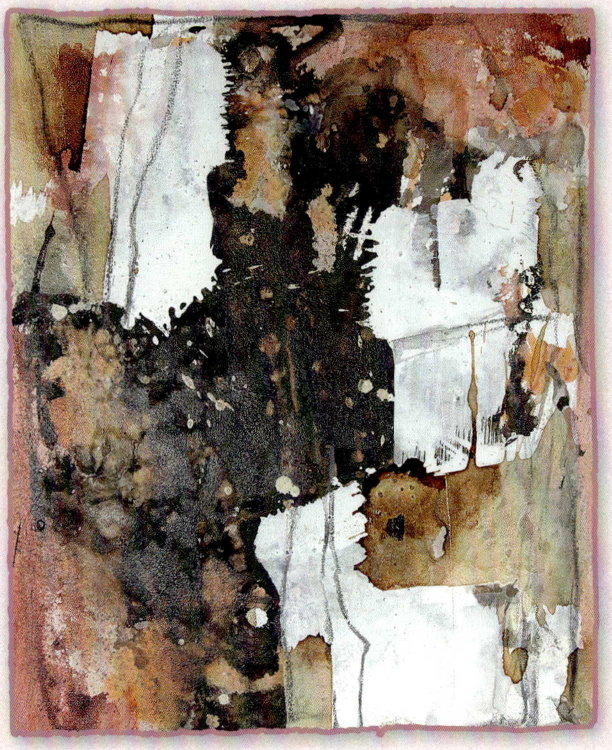

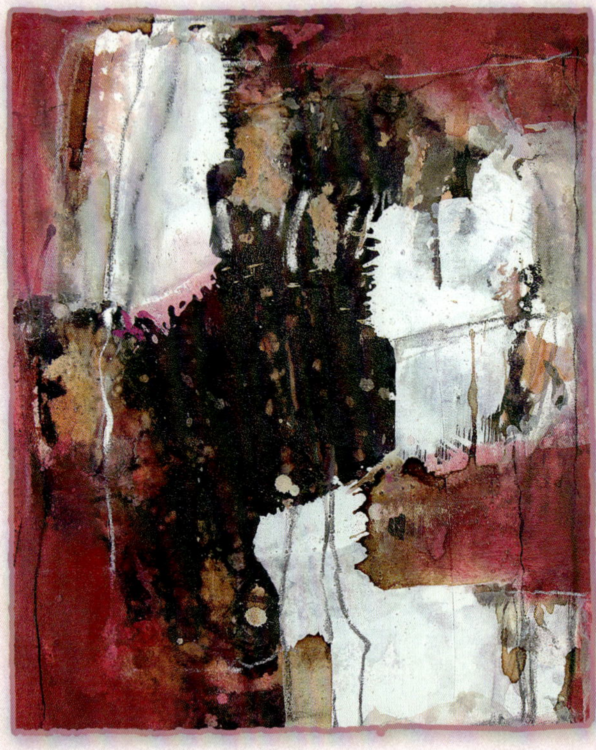

4 Für die natürlich braunen Färbungen rühre ich löslichen Kaffee mit Wasser an und trage die Mischung mit dem Pinsel auf die gewünschten Flächen auf. Dadurch erhält die Arbeit einen sehr warmen Farbklang.

5 Um die noch relativ monochrom strukturierten Flächen zu gliedern und Schwerpunkte zu bilden, ziehe ich als nächste Schicht pastos Karminrot ein. Dadurch wird auch ein optisches Gegengewicht zur sehr dunklen Bildmitte geschaffen.

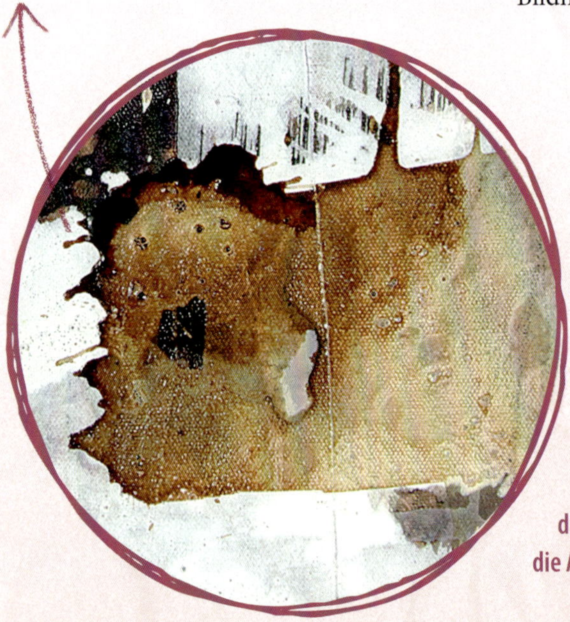

Detail:
Wenn die einzelnen Schichten den Untergrund durchschimmern lassen, bringt dies viel Tiefe in die Arbeit.

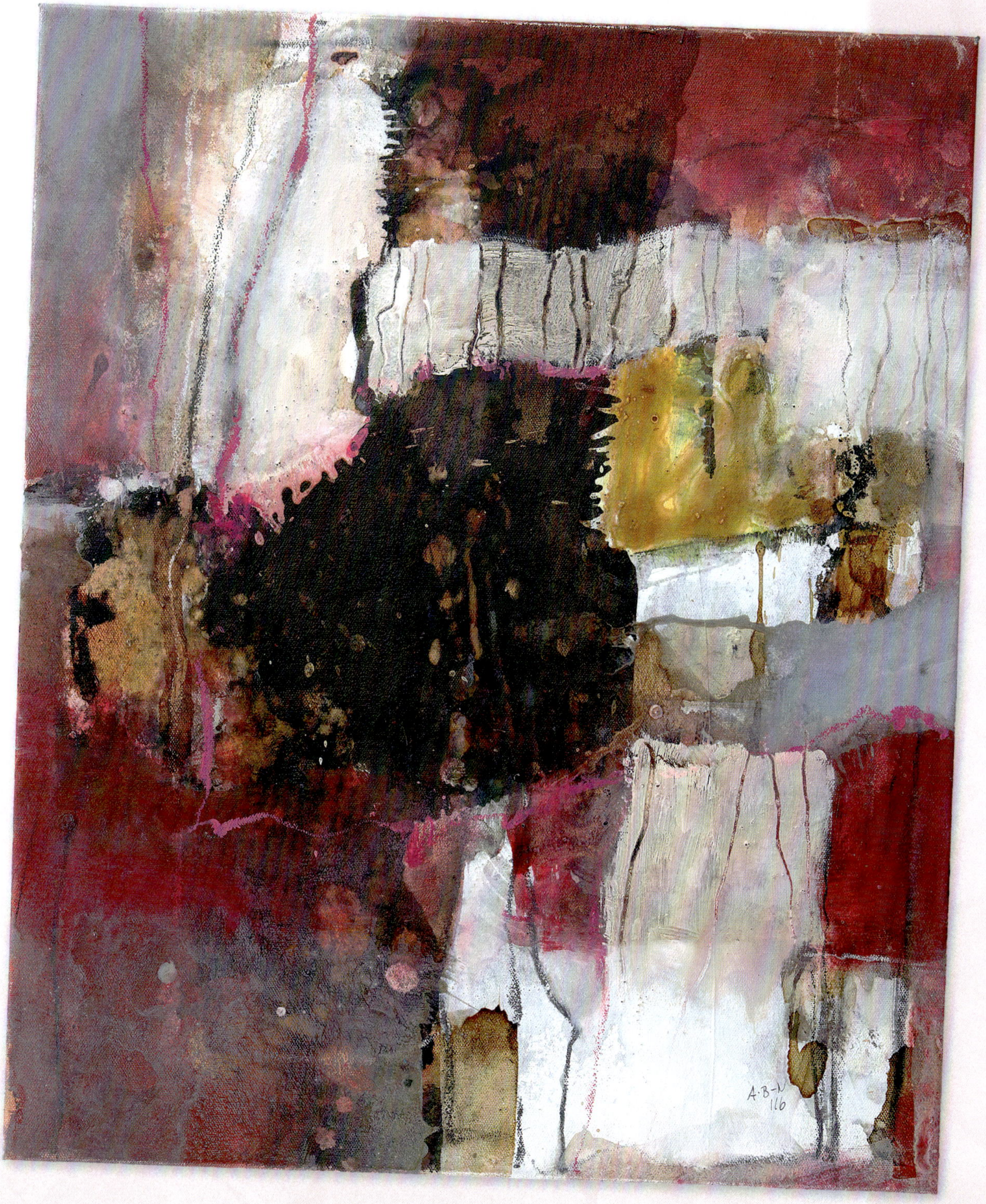

6 Beim letzten Schritt werden Acrylfarbe in Hellgrau (trocken) und Goldocker (verdünnt als Lasur) sowie nochmals löslicher Kaffee aufgetragen. Ganz zum Schluss füge ich einige wenige Grafitlinien hinzu, um die Flächen und die Komposition aufzulockern.

Strukturen unter Wachs: „3 x Abstrakt"

Mit Collagen arbeite ich sehr gerne, da der Prozess beim Gestalten sehr lange offen bleiben kann. Dabei verwende ich sehr gerne einen Holzuntergrund, denn er vermittelt beim Arbeiten ein ganz anderes Gefühl als Leinwand: Der harte Untergrund erlaubt es, z. B. mit dem Stift oder der Radiernadel starken Druck auszuüben, ohne dass der Malgrund verletzt wird. Außerdem schätze ich die sehr glatte Oberfläche, die sich deutlich von der Gewebestruktur der Leinwand unterscheidet. In Verbindung mit selbst hergestellten rostigen Papieren und den Linien und Strukturen des Paraffinauftrags ergibt sich eine sehr einfache und ausdrucksstarke Möglichkeit, mit Fläche, Linie und Struktur zu arbeiten.

Zu Beginn werden die Collagepapiere angelegt: Für die farbigen Collagepapiere lege ich mit dem breiten Borstenpinsel Farbspuren mit Acrylfarbe in Krapplack und Azo-Orange auf das Chinapapier. Natürlich könnten zusätzlich auch andere Farben und Papiersorten eincollagiert werden.

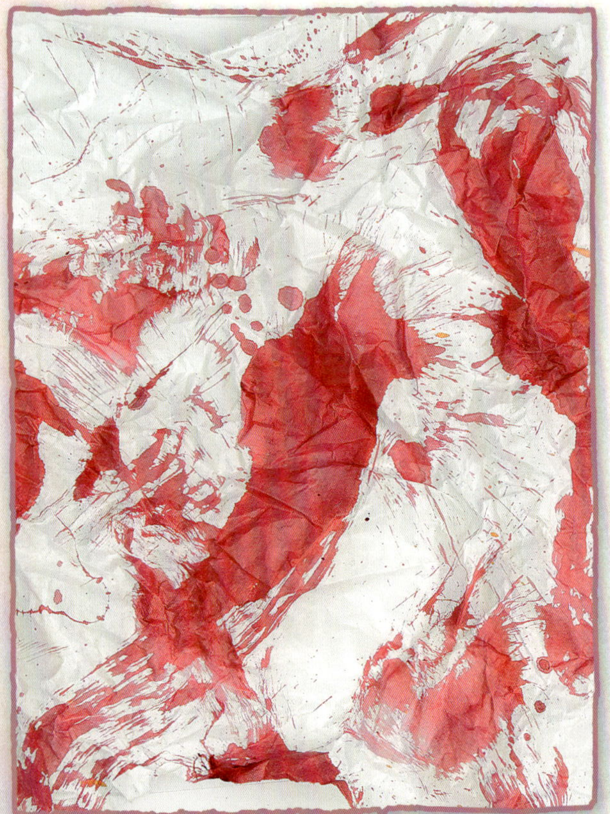

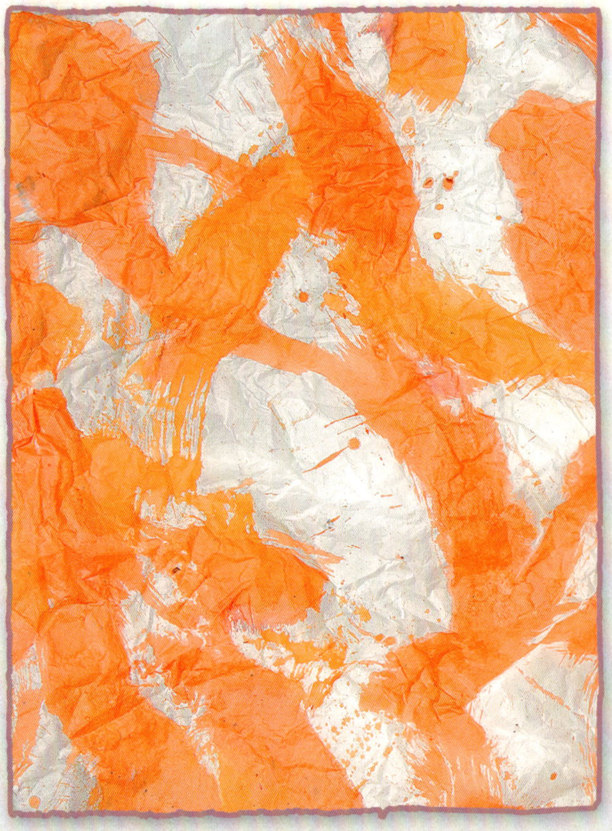

Farbspuren mit dem breiten Borstenpinsel auf Chinapapier, links mit Acrylfarbe in Krapplack, rechts in Azo-Orange.

Material:

• *Holzmaltafeln 20 x 40 cm und 30 x 40 cm* • *Chinapapier Wenzhou* • *Acrylfarben in Krapplack, Azo-Orange und Elfenbein* • *Ölfarbe in Weiß, Rubinrot und Siena* • *Eisenpulver* • *Acrylbinder* • *Kunststoffbehälter zum Anrühren* • *Oxidationsmittel* • *Sprühflasche* • *Paraffin oder Wachs, Topf im Wasserbad zum Schmelzen* • *Radiernadel* • *Chinapinsel* • *Borstenpinsel 3“ und 4“* • *wasserlösliche Grafitkreide in Braun* • *Lappen*

Für die Rosteffekt-Papiere habe ich zuerst das Eisenpulver mit Acrylbinder und Wasser vermischt, sodass eine malfähige Masse entsteht. Auf Chinapapier lege ich dann unterschiedliche Spuren und kalligrafische Elemente mit dem spitzen, langen Chinapinsel und eher flächige Formen mit dem breiten Borstenpinsel an. Jetzt lasse ich diese Strukturen oxidieren und anschließend trocknen. Dazu sprühe ich das Oxidationsmittel mit einer Sprühflasche satt auf die Eisenstrukturen. Der Oxidationsprozess ist schon nach ein paar Minuten sichtbar. Wie lange er insgesamt dauert, hängt von der Dicke des Auftrags ab.

Falls das Oxidationsmittel schon getrocknet ist, aber der Farbton noch nicht „rostig“ genug ist, kann das Mittel noch einmal nachgesprüht werden.

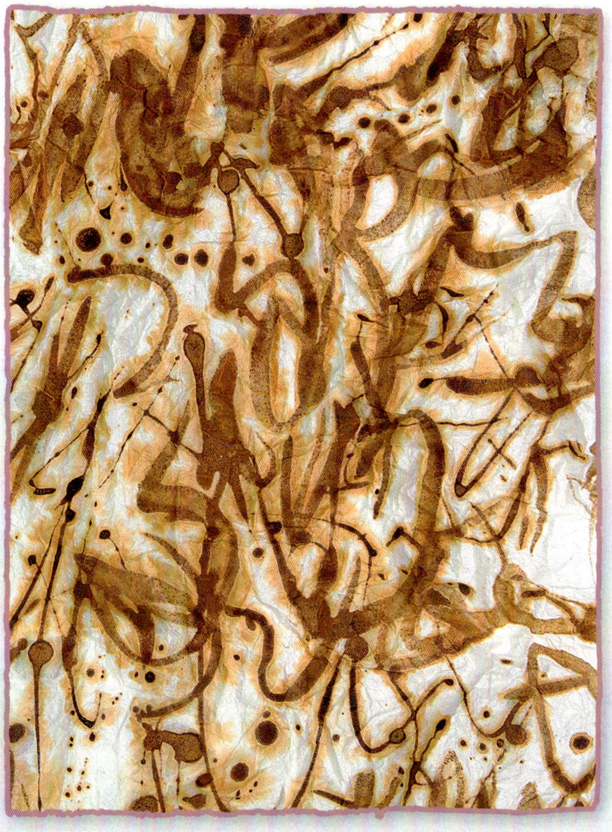

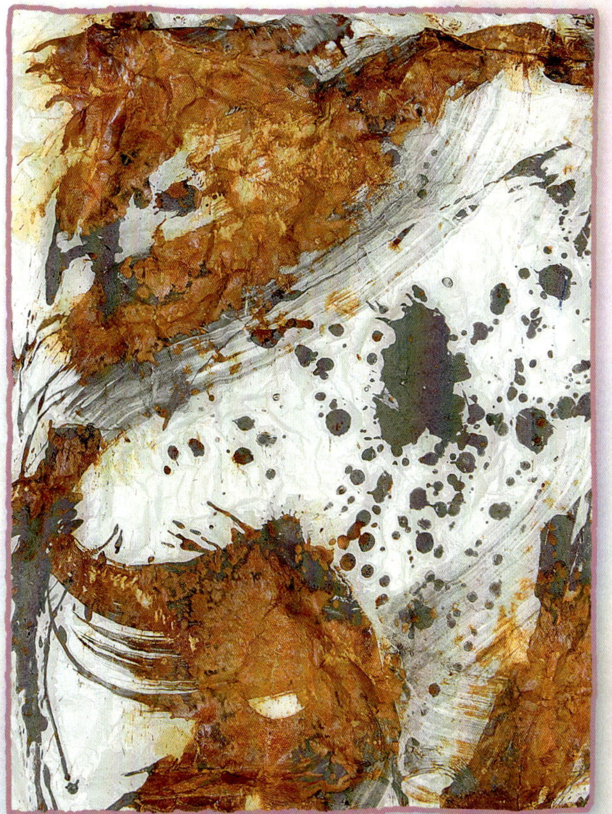

Oxidierte Farbspuren und kalligrafische Elemente mit dem spitzen, langen Chinapinsel (links) und flächige Formen mit dem breiten Borstenpinsel (rechts, einigen Spuren und Spritzer nur teiloxidiert), jeweils auf Chinapapier.

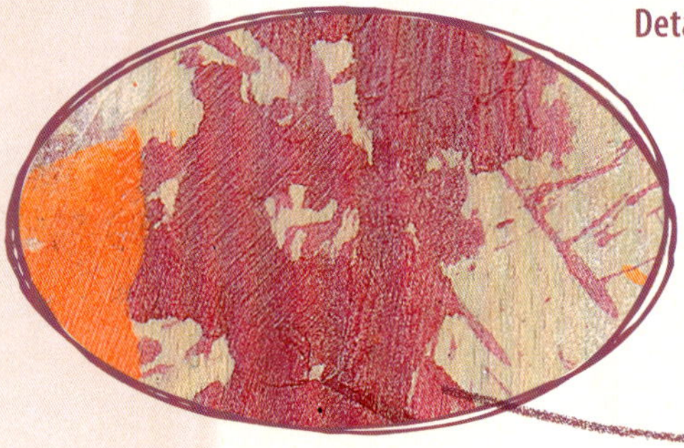

Detail:
Durch die Collagetechnik können die intuitiv gearbeiteten, dynamischen Pinselspuren im Bild an die richtige Stelle platziert werden.

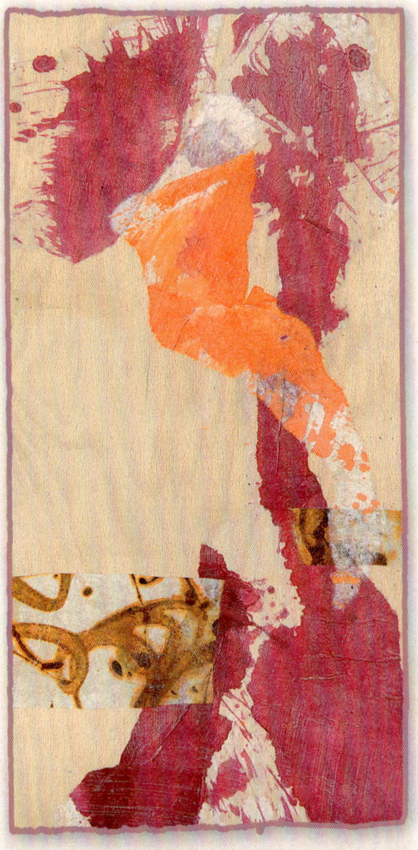

1 Nachdem die Collagepapiere oxidiert und durchgetrocknet sind, reiße ich spannende Formen aus und arrangiere die verschiedenen Materialien auf meinem Malgrund. Wenn die Anordnung stimmig erscheint, klebe ich die Papiere mit Acrylbinder auf den Holzkörper. Es ist empfehlenswert, vor dem Weiterarbeiten alles gut trocknen zu lassen, da die feuchten Papieroberflächen sehr empfindlich sind.

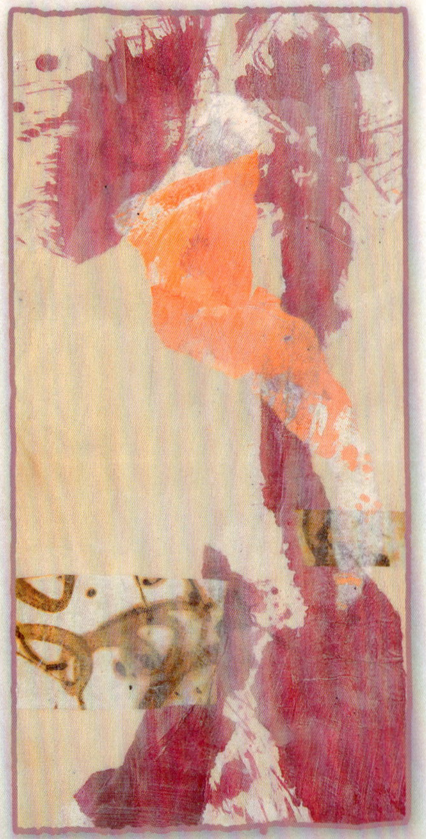

2 Dann überziehe ich die Oberfläche mit flüssigem Paraffin (oder Wachs) und ritze anschließend mit der Radiernadel Linien ein. Beim Bild unten rechts ist hier schon die Bemalung mit der Acrylfarbe (Elfenbein, Krapplack und Azo-Orange) zu sehen.

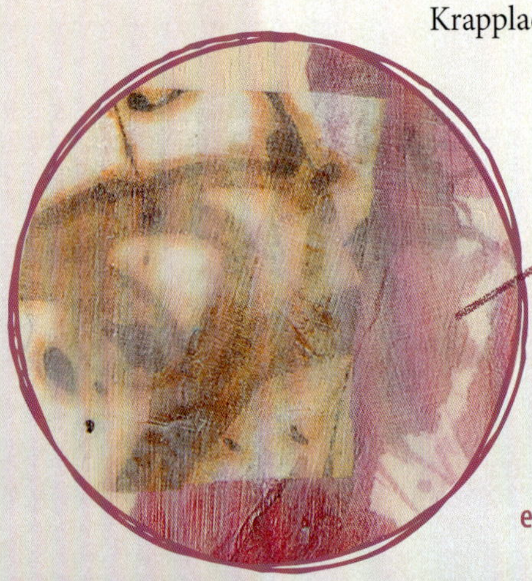

Detail:
Jede weitere Wachsschicht verbindet die Elemente miteinander, lässt die Untergrundform aber auch milchiger erscheinen.

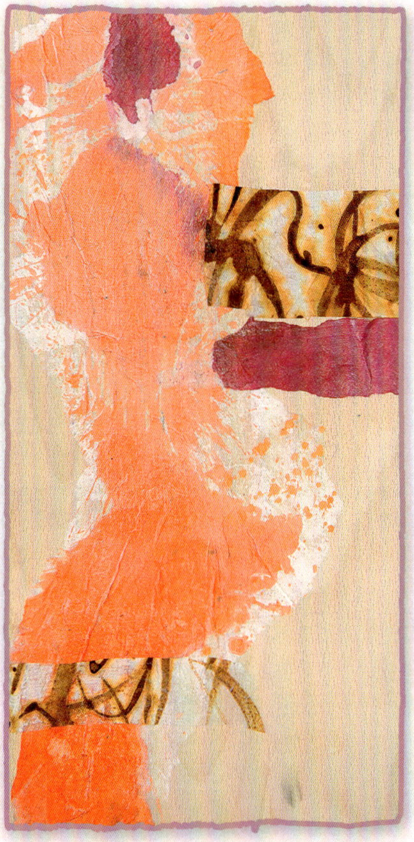

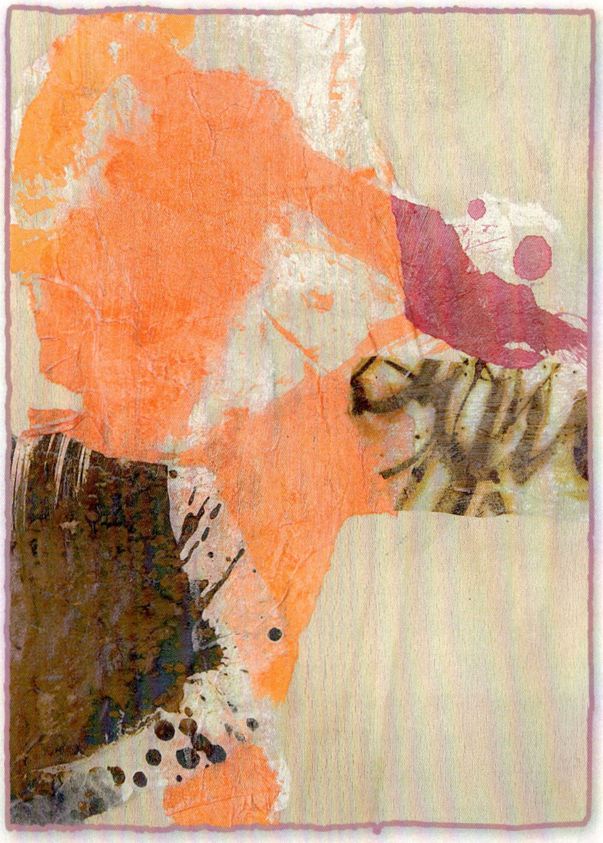

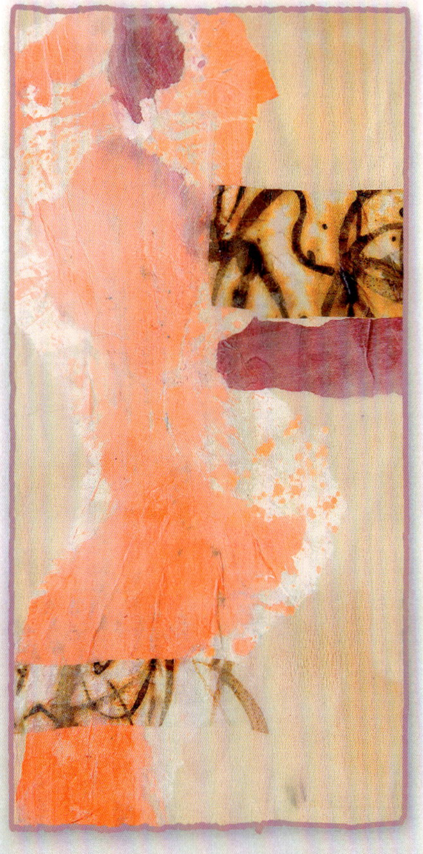

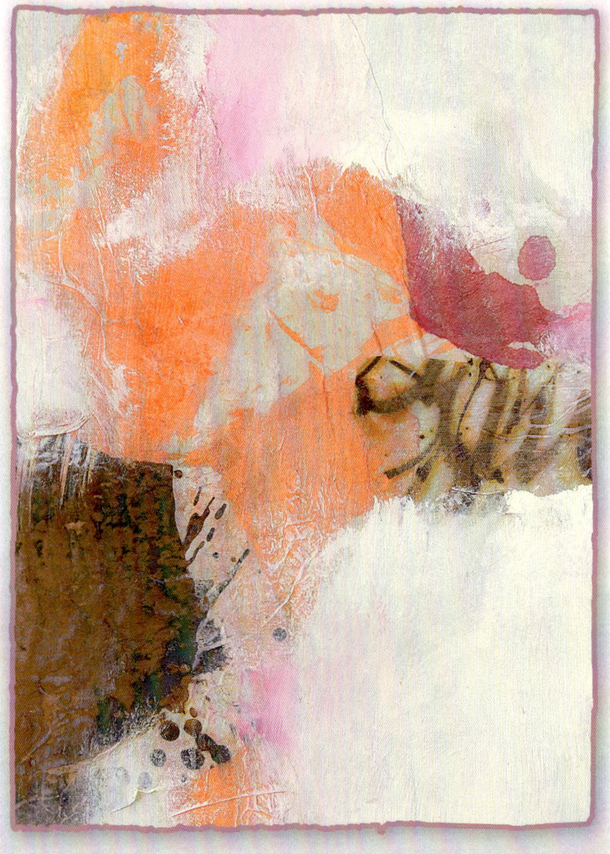

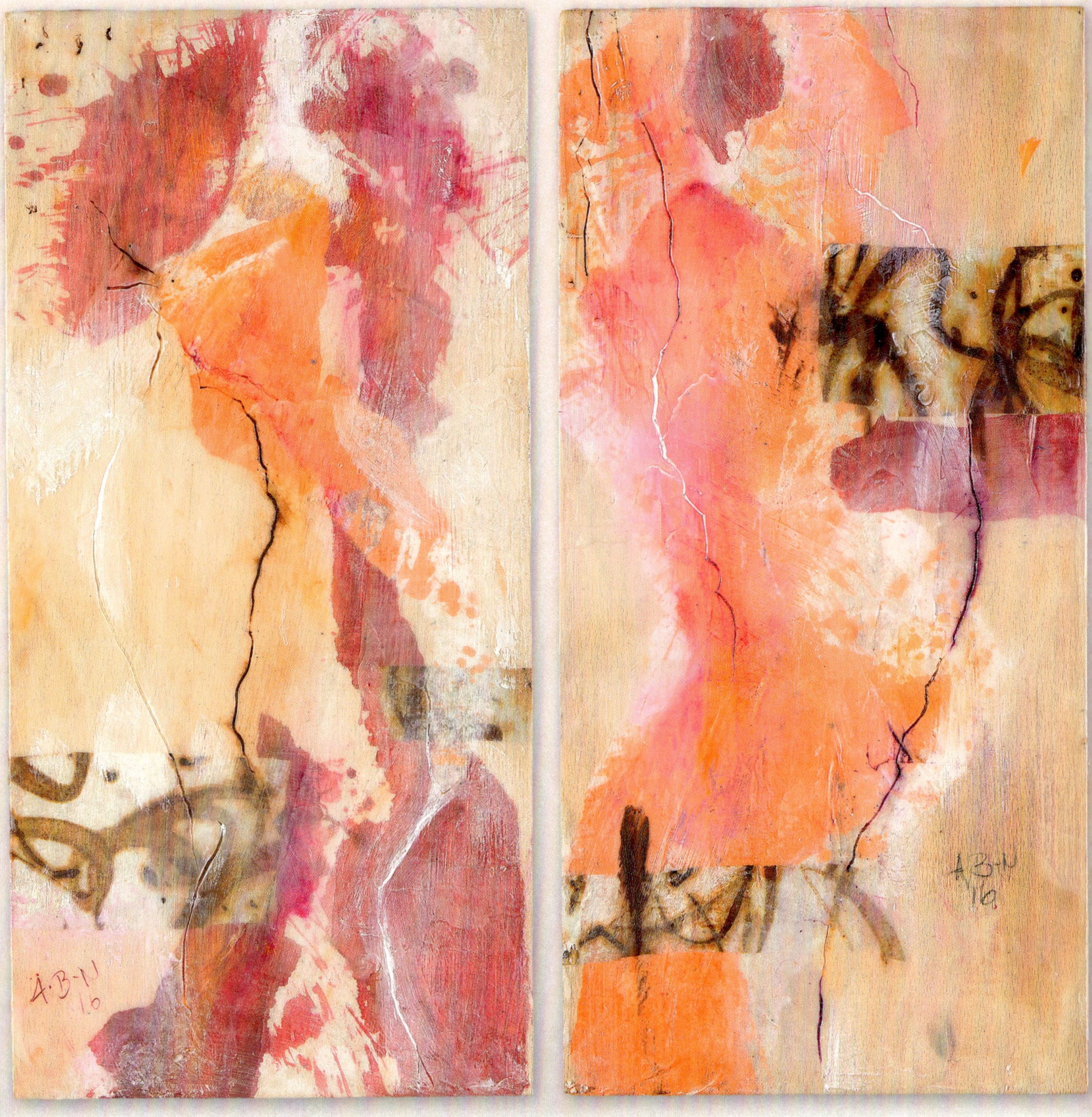

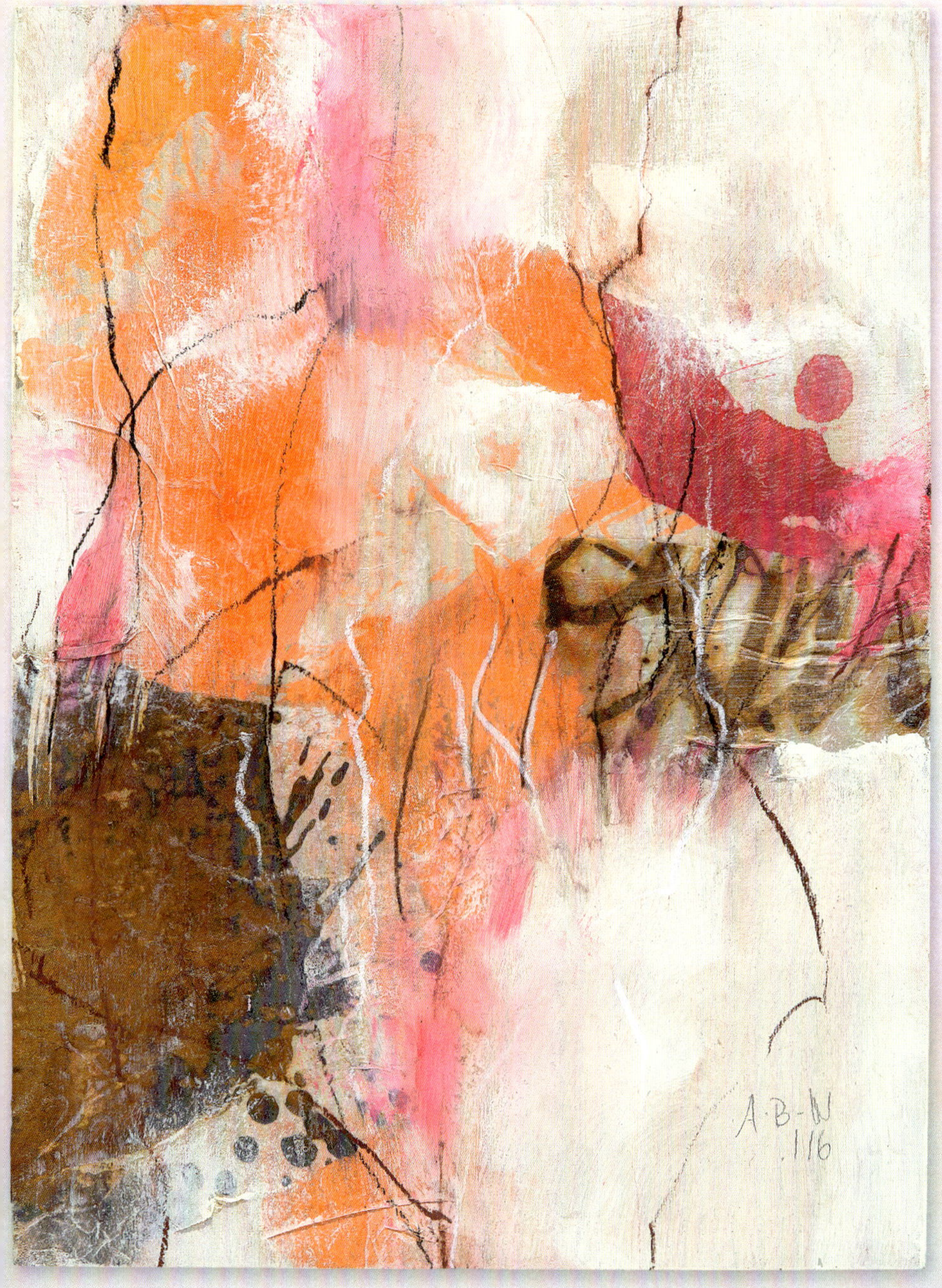

3 Anschließend habe ich die beiden Bilder links mit einem Lappen und Ölfarbe in Weiß eingerieben. In die gekratzten Linien drücke ich mit dem weichen Lappen Ölfarbe in Siena und Rubinrot.

In das Bild rechts habe ich nach der Bemalung mit den Acrylfarben (siehe Schritt 2) noch Linien mit wasserlöslicher Grafitkreide in Braun angebracht.

Strukturen unter Wachs: „Abstraktes Diptychon“

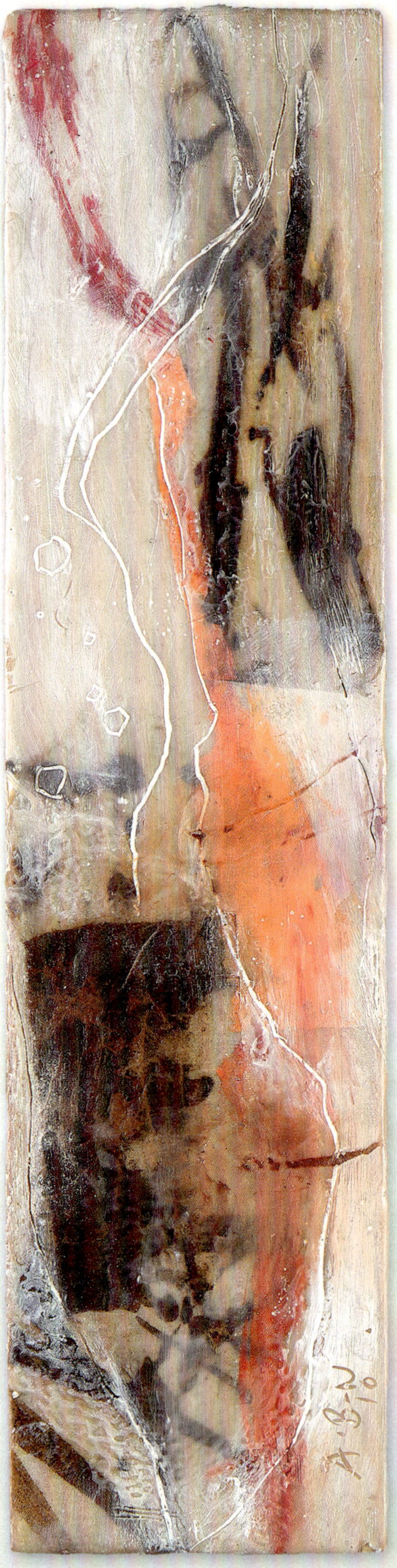

Auch diese Variante zu den vorangegangenen Beispielen der Strukturen unter Wachs habe ich mit den gleichen dort verwendeten Materialien und in der gleichen Vorgehensweise gestaltet:

Zunächst habe ich die gewünschten Collagepapiere mit Farb-und Oxidationsspuren erstellt.
Nach dem Trocknen reiße ich Formen aus und arrangiere diese auf dem Holzuntergrund.
Hier habe ich dann aber mehrere Wachsschichten aufgetragen und im linken Bild des Diptychons zusätzlich zu den feinen Kratzspuren auch sehr kräftige und breite, überwiegend senkrechte Linien mit einer breiten Radiernadel in das Wachs gezogen.
Dann habe ich den Holzkörper weitgehend mit weißer Ölfarbe auf der Wachsschicht eingefärbt und auch bewusst in die Rillen gedrückt. Zur Vervollständigung der Komposition werden zusätzlich einige Spuren mit Ölfarbe in Rubinrot und Siena aufgerieben.

Material:

• Holzmaltafeln 20 x 40 cm und 30 x 40 cm • Chinapapier Wenzhou • Acrylfarben in Krapplack, Azo-Orange und Elfenbein • Ölfarbe in Weiß, Siena und Rubinrot • Eisenpulver • Acrylbinder • Kunststoffbehälter zum Anrühren • Oxidationsmittel • Sprühflasche • Wachs, Topf im Wasserbad zum Schmelzen • Radiernadel • Chinapinsel • Borstenpinsel 3“ und 4“ • Lappen

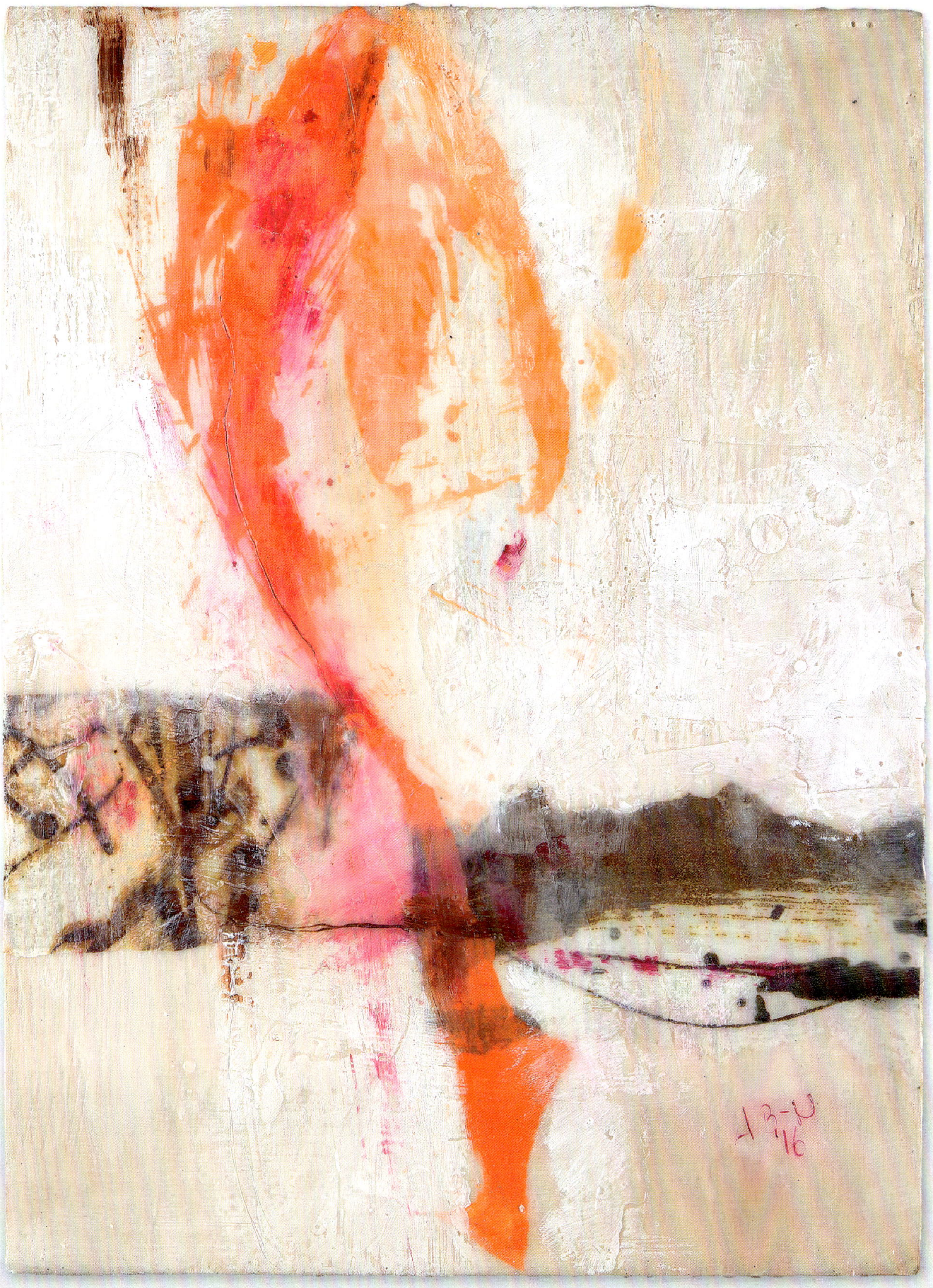

Zusammen

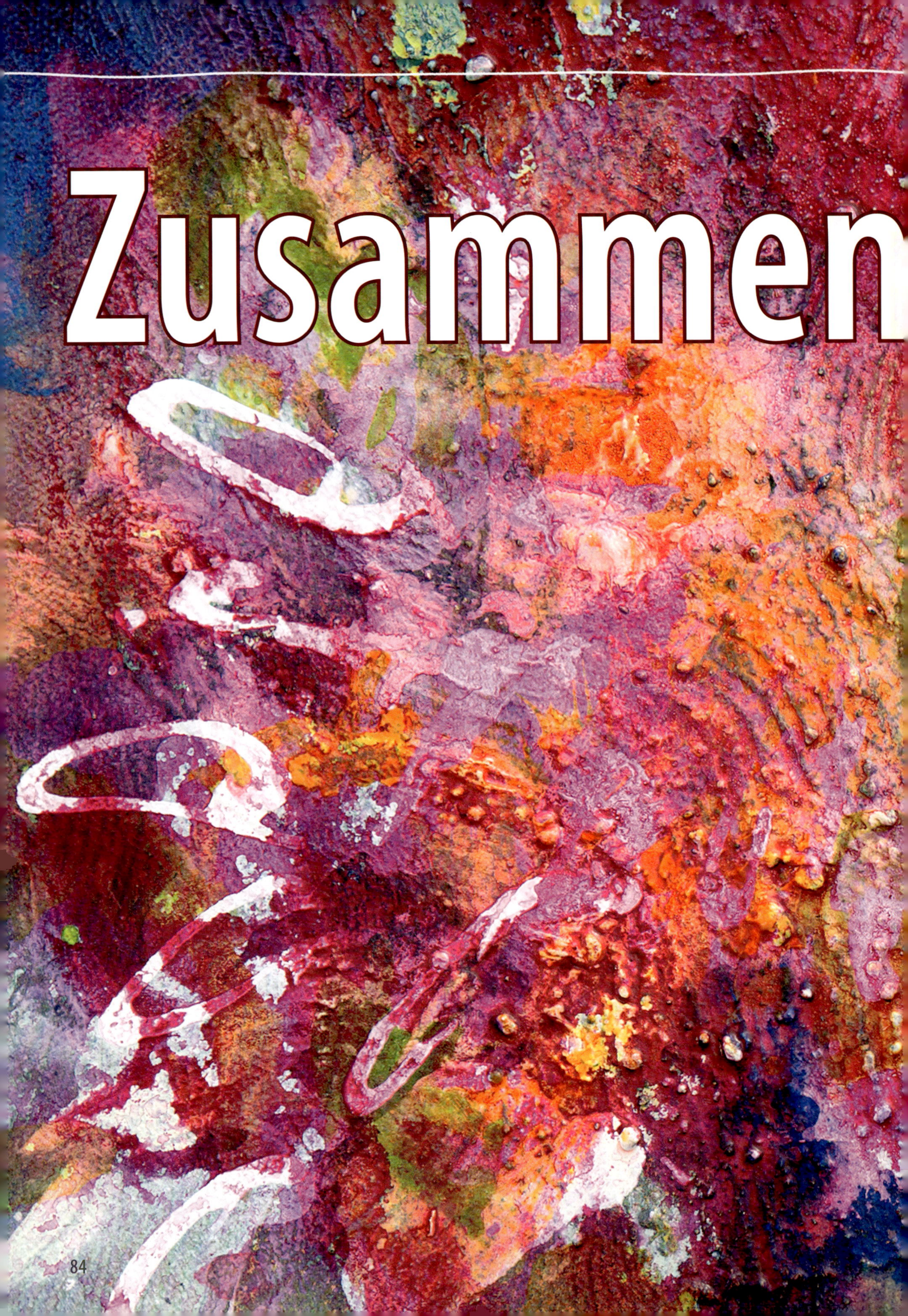

fügen

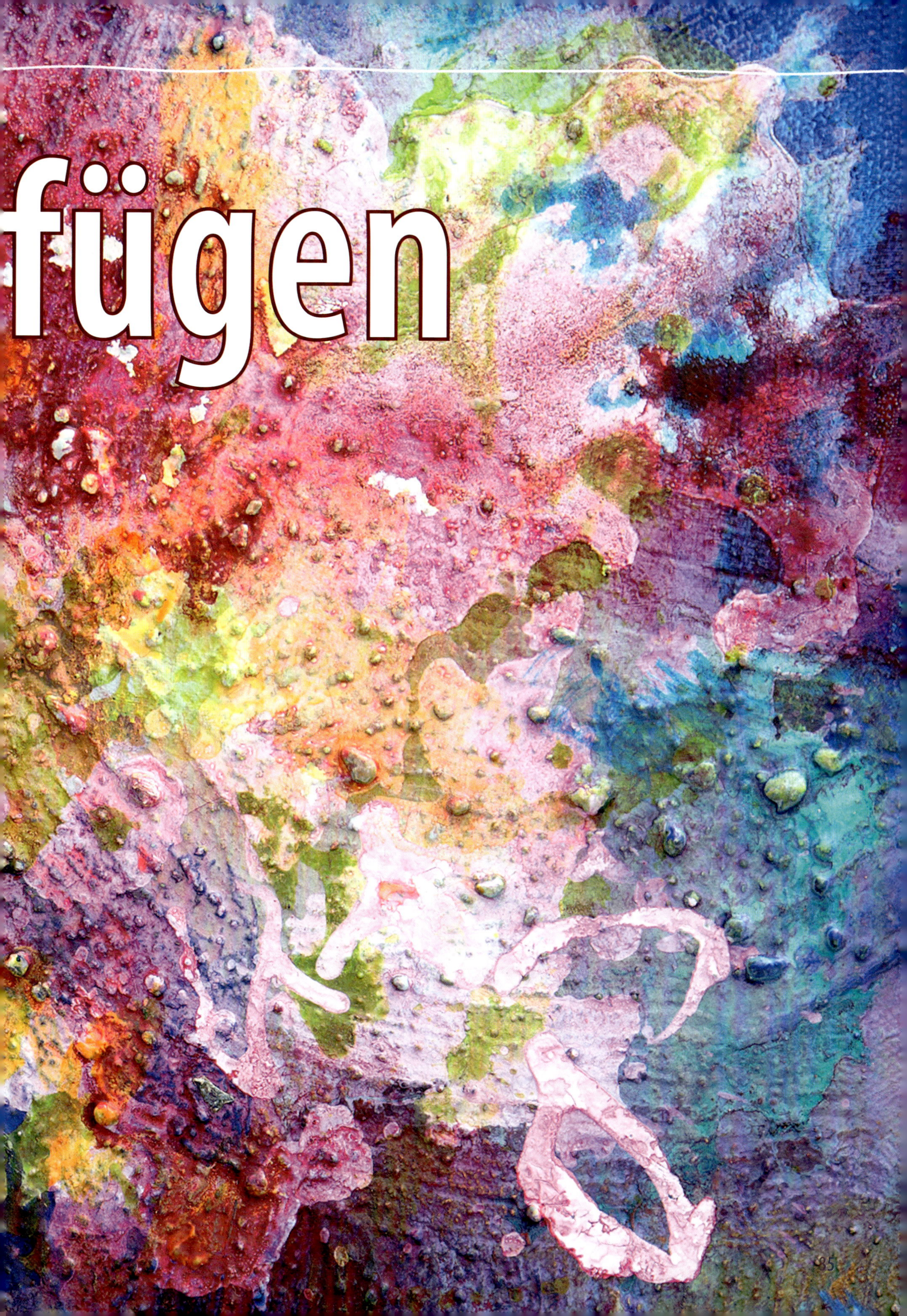

Zusammenfügen

Alle in diesem Buch vorgestellten Materialien und Techniken können **gemixt** und beliebig **variiert** werden. Häufig entscheide ich aus dem Impuls heraus, wie es weitergeht und zu welchem Werkzeug ich greife.
Natürlich spielt auch die Erfahrung bei der intuitiven Wahl eine große Rolle. Durch genaues Beobachten der Veränderungen im Bild sehe ich Zusammenhänge, die ich in meinem Bewusstsein abspeichere und die bei den nächsten Arbeiten zu Tage kommen. Es ist sehr wichtig, zu beobachten, zu schauen, sich Zeit zu nehmen und das Bild auf sich wirken zu lassen, um sich künstlerisch weiterzuentwickeln. Manche Bilder zeigen sich schnell, andere benötigen sehr viele Schichten, um stimmig zu sein. Das eine wie das andere ist gut.

Beim freien Arbeiten aus dem Prozess heraus ist es häufig zu einem späteren Zeitpunkt notwendig, das Chaos ein wenig zu ordnen, damit sowohl ruhige Flächen als auch spannungsreiche, dynamische oder strukturierte miteinander in den Kontrast treten können.
Bei einem zu unruhigen Bild sollten Kontrastbeziehungen herausgenommen werden. So beruhigt z. B. das Bemalen einer stark strukturierten Fläche mit einem gleichmäßigen Farbverlauf ein Bild sehr stark.
Auch mehrere Richtungswechsel im Bild oder zu viele und unharmonische Farbigkeiten können Unruhe erzeugen. Durch Abdecken der betreffenden Flächen mit der Hand kann schnell entschieden werden, ob das Bild diese Elemente braucht.
Anderen Bildern wiederum fehlt es an Spannung. Hier ist es eher notwendig, Kontraste hineinzubringen. Wenn Sie also der Auffassung sind, dass Ihrem Bild noch etwas fehlt, fügen Sie ein Kontrastpaar hinzu und erhöhen damit die Spannung.

Mögliche kompositorische Kontrastbeziehungen:

- waagerecht – senkrecht
- hell – dunkel
- kalt – warm
- groß – klein
- viel – wenig
- dick – dünn
- Linie – Fläche
- Struktur – glatte Fläche
- ruhige Fläche – strukturierte Fläche

Neben den akademischen Begründungen aus der Kompositionslehre heraus ist es aber nicht zuletzt eine Frage des eigenen Naturells, wie viel Unruhe oder Ruhe in einem Bild als angenehm empfunden wird.

Komposition – Kontraste: „Wicken“

Material:

• Leinwand 60 x 80 cm • Sand, Putz mit Wandfarbe für den Strukturgrund • Acrylfarben in Himmelblau hell, Türkisblau und Elfenbein • Ölfarben in Titanweiß, Preußischblau, Rubinrot, Kadmiumrot hell, Lasurtürkis, Azurblau, Magenta und Zinkgrün dunkel • Weicher Lappen • Ölkreide in Magenta, Hellblau und Hellgrün • Borstenpinsel 4“ • Paraffin, Topf im Wasserbad zum Schmelzen • Radiernadel

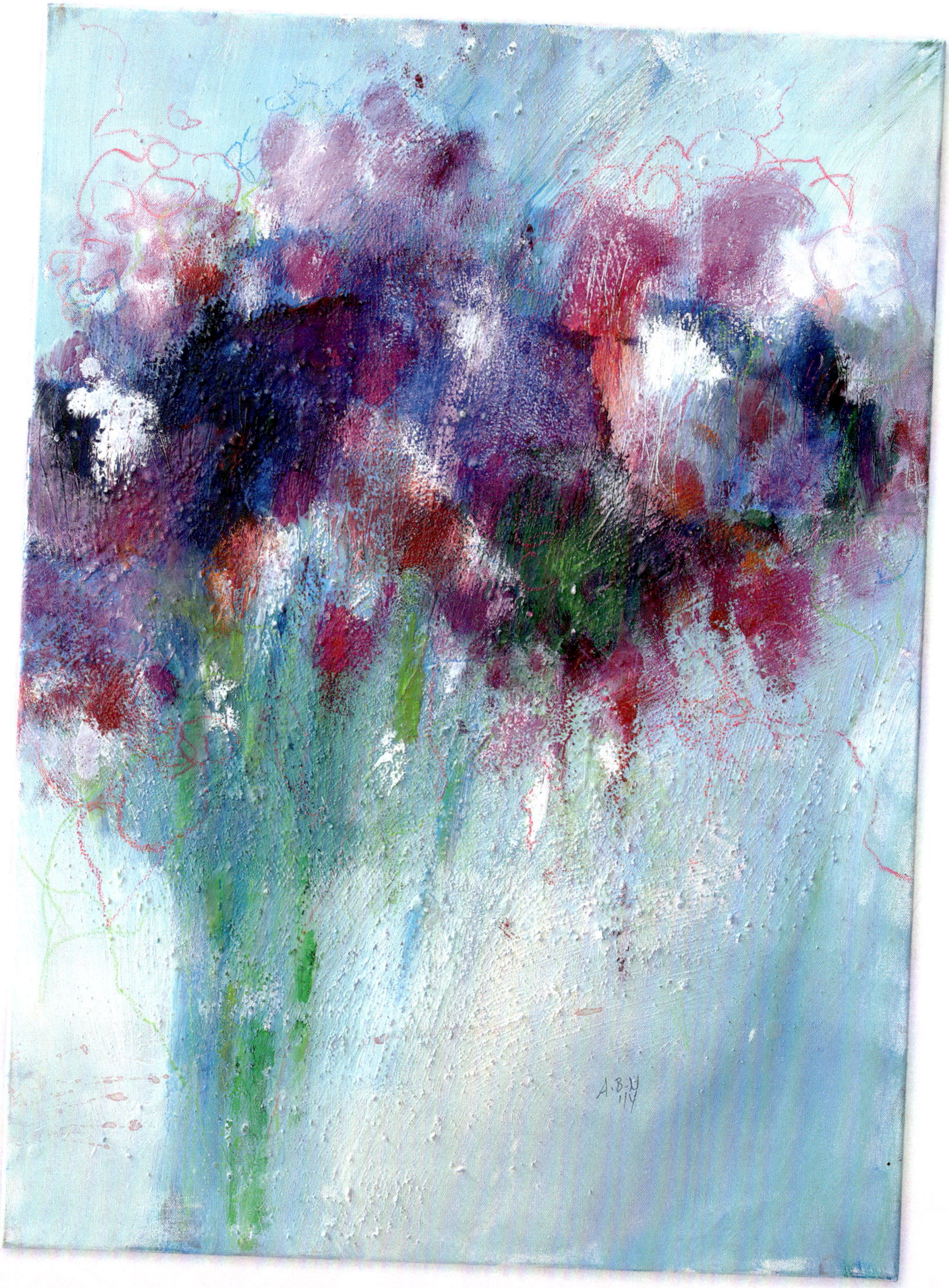

In diesem Bild haben sich durch Schichtungen verschiedene Kontrastpaare herausgebildet. Die angedeuteten grünen Stängel laufen leicht diagonal ins Bild und führen ins Zentrum, die abstrahierten Blüten. Die magentaroten Blüten verhalten sich zu den Stängeln komplementär. Die Farben der Blüten sind intensiver als die Farbe des Hintergrundes – die Blüten treten stärker in den Vordergrund und das Bild bekommt Tiefe. Die Spannung wird durch den Hell-Dunkel-Kontrast zwischen den weißen und den indigofarbenen Blüten erhöht. Dabei habe ich darauf geachtet, dass die Blüten verschieden groß sind. Die starken Farbflächen stellen sich dem Kontrast zu den filigranen Ölkreidelinien und den leicht strukturierten Flächen.

Farbkontraste – Farbklänge: „Florale Strukturen“

Welche Farben im Bild verwendet werden, ist ebenso wichtig wie die formale Gestaltung. Der aus meiner Sicht stärkste Kontrast ist Hell - Dunkel. Aber auch andere Farbkontraste können die Spannung im Bild erhöhen.

Mögliche Farbkontraste sind:

- hell - dunkel
- kalt - warm
- trüb - rein (Qualitätskontrast)
- Farbe an sich (Farbtonkontrast)
- Quantität (verschieden große Farbflächen)
- Komplementärkontrast

Alle Farben gibt es in wärmeren und kälteren Nuancen. Warme Farben treten nach vorne, ebenso wie reine und kräftige Farben. Kühle Farben gehen optisch nach hinten, ebenso wie alle Farben, die gräulich, bläulich und heller sind. Ein reines Ultramarinblau, an sich ja ein kühler Farbton, würde daher dennoch stärker ins Auge springen als ein blasses, gebrochenes Rosa. Deswegen ist es wichtig, die Farbe nicht absolut zu sehen, sondern sie im Bildzusammenhang zu beurteilen, also im Farbklang im Bild.
Mit diesem Wissen fällt es uns leichter, Blickpunkte zu gestalten, und es gelingt uns ebenso, Flächen in den Hintergrund treten zu lassen.

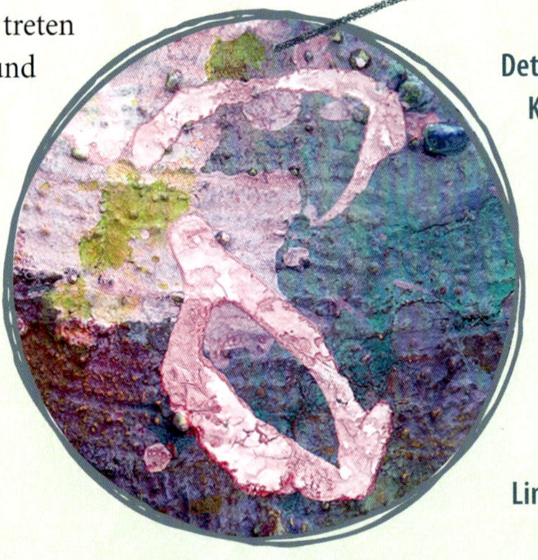

Detail: Klar abgegrenzte Linienformen können entweder direkt mit der Tuschepipette oder mit dem Linierer aufgetragen werden. Wichtig ist dabei ein trockener Untergrund, damit die Linien nicht verlaufen.

Material:

• *Leinwand 30 x 30 cm* • *Acrylfarben in Türkisblau und Phthaloblau* • *Tusche in Magenta, Weiß, Altgoldgrün und Goldgelb* • *Struktur mit Putz, Sand und Wandfarbe* • *Linierer* • *Pipette* • *Sprühflasche mit Wasser* • *Borstenpinsel 3“*

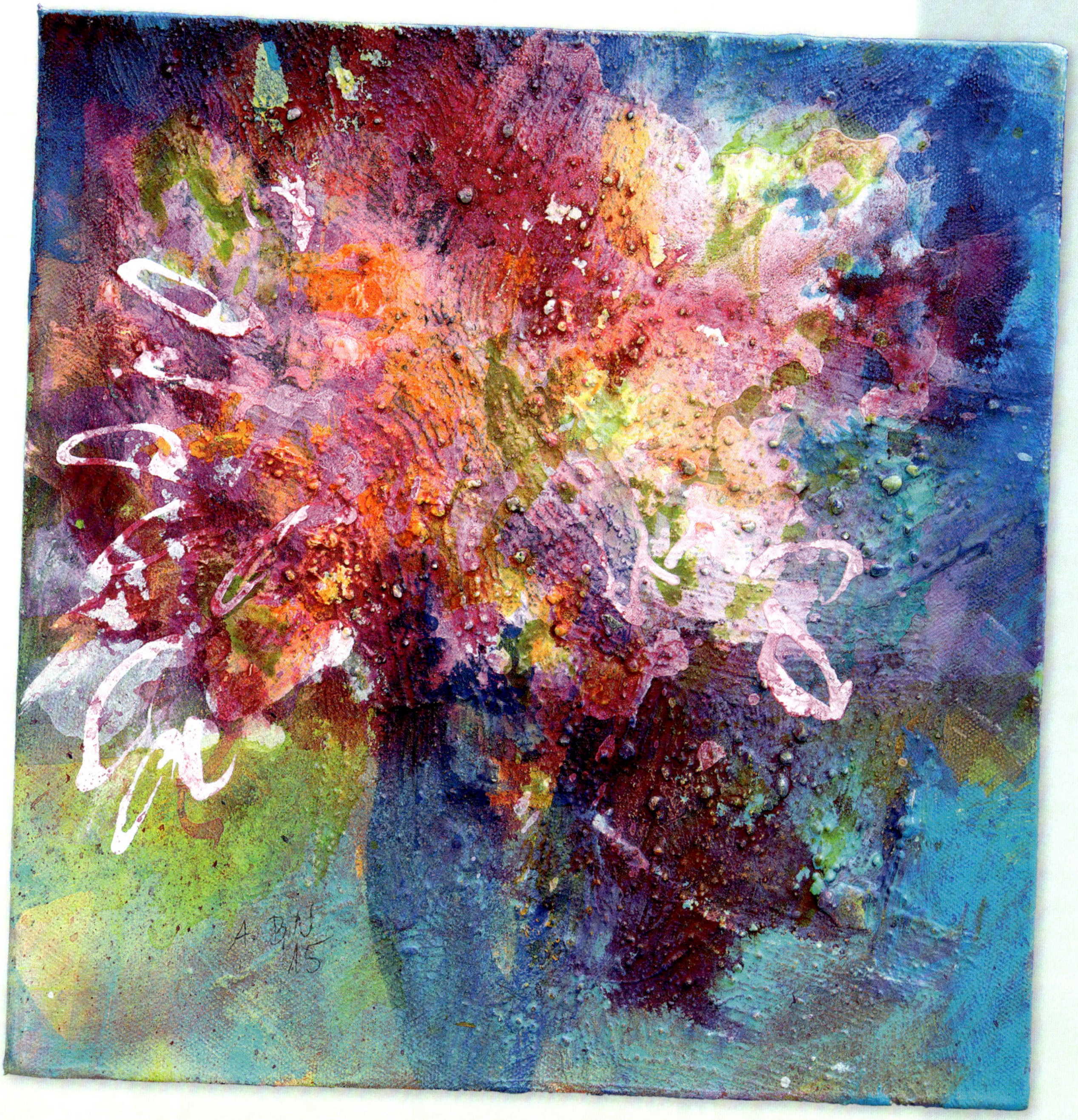

Diese Arbeit lebt von der Struktur, die in mehreren Schichten durchscheinend mit Tusche bemalt und mit Wasser angesprüht wurde, damit die flüssige Farbe in die Vertiefungen läuft. Durch das Ineinanderfließen der flüssigen roten und grünen Farben (komplementär) werden diese beiden Töne gebrochen und es entstehen trübe Farbtöne (Qualitätskontrast).

Kühle Farben stehen neben den warmen Tönen. Die weißen blattartigen Pinselstriche bringen Licht ins Bild und heben sich stark von den roten und blauen Strukturen ab.

Im Kontrast zur Struktur stehen die Formen. Die harten Begrenzungen der kleinen weißen Blätter sind absolut notwendig im Bild. Ohne sie wäre das Bild unfertig und spannungsarm.

Tiefe im Bild – Blickpunkt: „Downtown"

Häufig werde ich gefragt, wie eine Tiefenwirkung im Bild erreicht wird. Tiefe erzeugen wir durch eine vorgetäuschte Perspektive, die faktisch gar nicht da sein kann, denn der Bildträger ist ja zweidimensional. Die Verwendung der Farben, der Bildaufbau und die Art der Oberfläche sind wichtig für die Erzeugung von Tiefe im Bild.

Auf der vorherigen Seite erläuterte ich die Wirkung der Farben und ob sie den Blick nach hinten führen oder nach vorne kommen.
Am Beispiel der abstrahierten Großstadt kann sehr gut beobachtet werden, wie das funktioniert: Die grünen und roten Bildelemente ziehen den Blick an und sind der Blickpunkt, denn sie treten viel stärker in den Vordergrund als der himmelblaue Hintergrund, der wie im Nebel zu sein scheint. Vage sind in der Ferne ein paar zartblaue Hochhäuser zu erkennen, die sich nicht sehr vom Himmel absetzen; die Konturen gehen weich in den Himmel über.
Die Hochhäuser im Vordergrund sind stärker strukturiert und farblich kontrastreicher. Dadurch treten diese Elemente nach vorn und es sieht so aus, als lägen diese Gebäude räumlich vor den hellblauen. Wichtig bei dieser Art von Schichtung ist, dass nicht zu deckend gearbeitet wird, damit die unteren Farbflächen hindurch schimmern und zum Teil sichtbar bleiben. Dies ist hier durch sehr stark mit der Linolwalze ausgewalzte Acrylfarbe erreicht worden. Transparente Lasurschichten mit verdünnter Acrylfarbe erzielen den gleichen Effekt und bringen Tiefe ins Bild.
Klar abgegrenzte Formen kommen stärker nach vorne als weiche Übergänge. Mit einem Spiel aus beidem kann ich sowohl Tiefe erzeugen als auch die Spannung erhöhen.

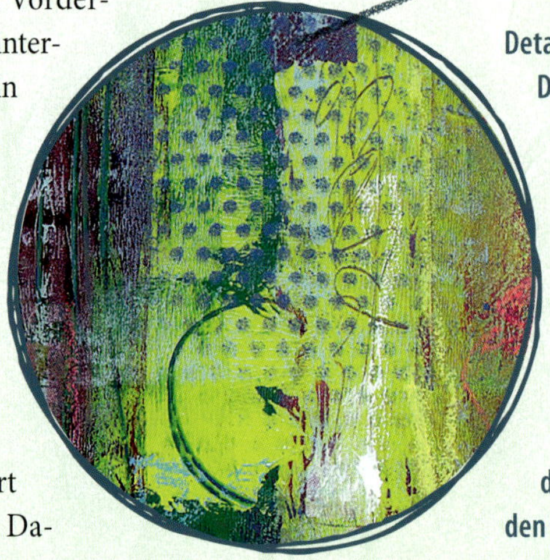

Detail: Die aufgesprühten Lochblechstrukturen beleben die Flächen zusätzlich. Je mehr sich die Sprühfarbe farblich vom Untergrund abhebt, desto mehr rücken diese Strukturen in den Fokus.

Material:

• Leinwand 80 x 100 cm • Acrylfarben in Himmelblau hell, Elfenbein, Farn, Mauve, Paul-Veronese-Grün, Krapplack und Olivgrün hell • Ölpastellkreide in Weiß, Hellblau, Rosa und Grün • Sprühfarbe in Blau, Hellgrün und Cremeweiß • Linolwalzen • Glasplatte • Verschiedene Gitterschablonen und Lochbleche

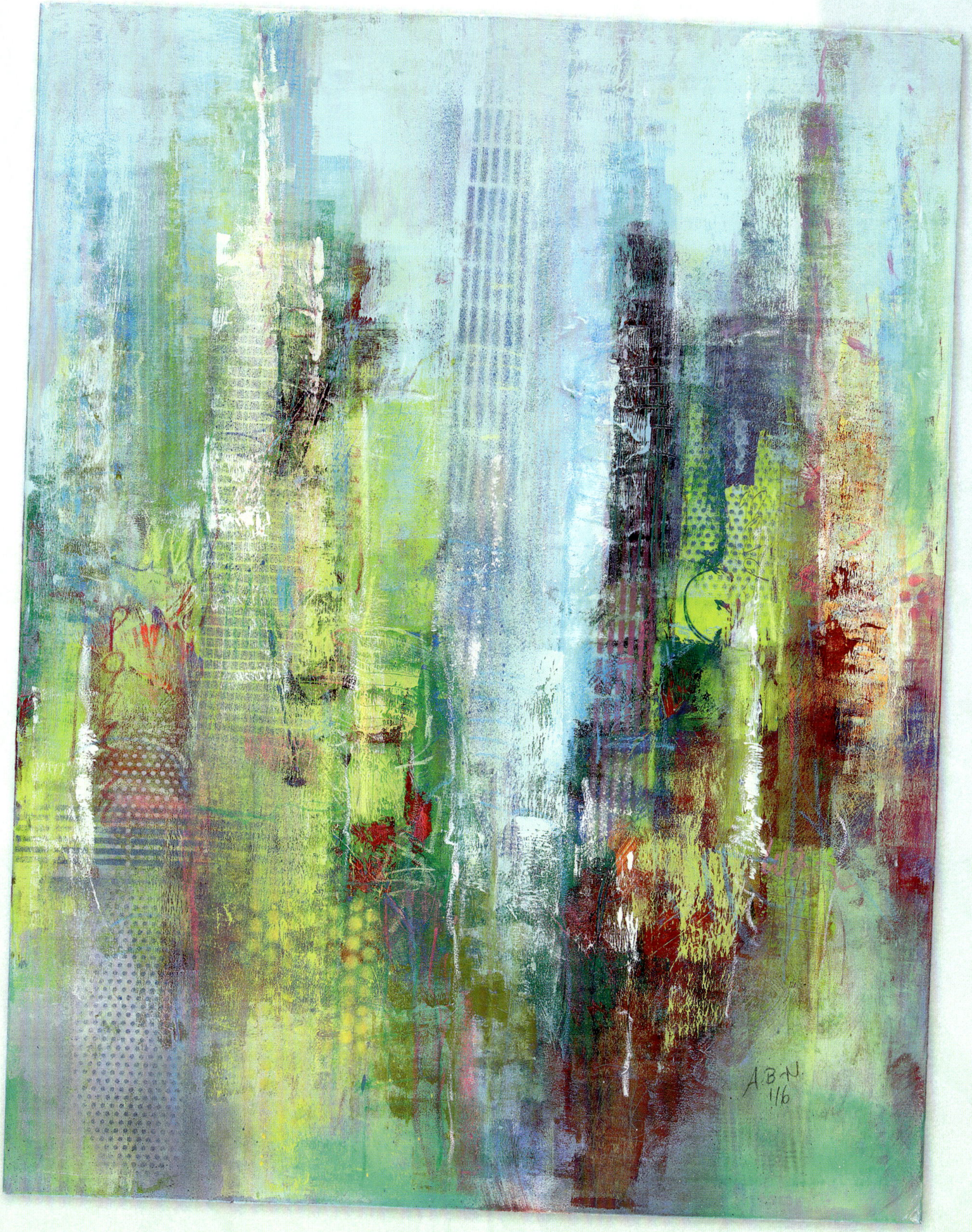
A.B-N.
1/6

Ordnung – Rhythmus: „Komplementäre Schwünge"

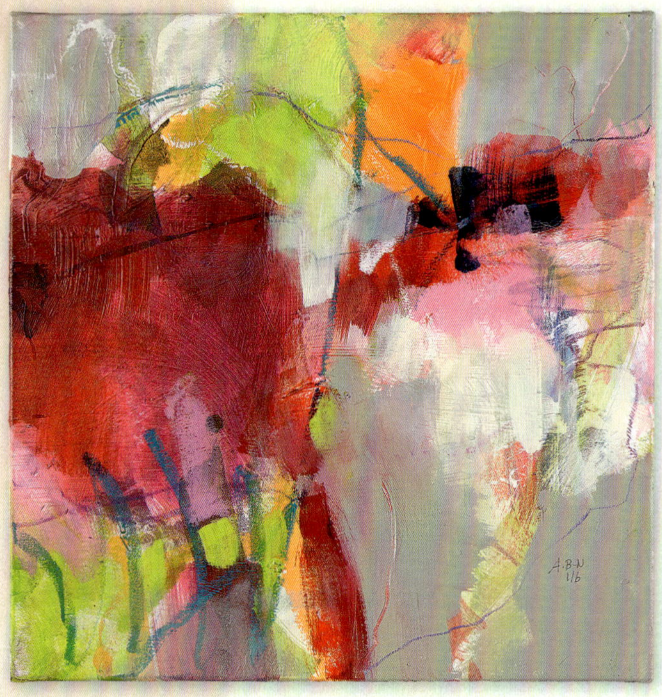

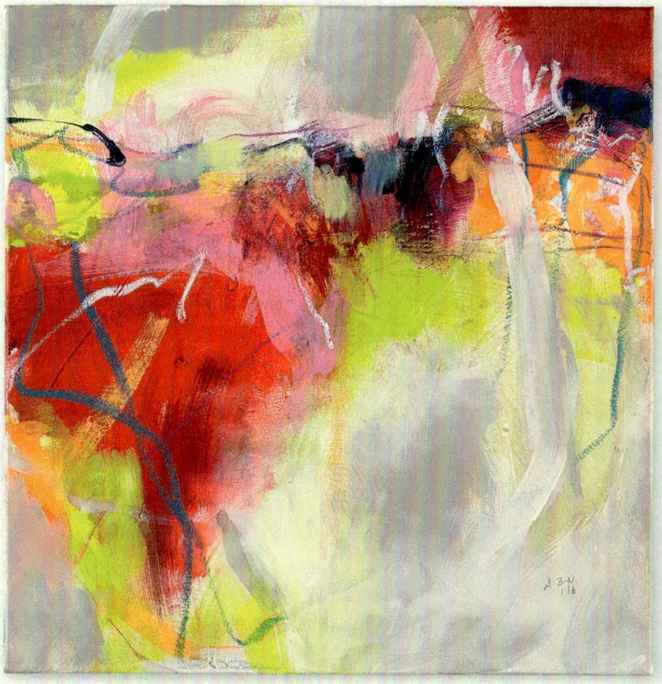

An diesem Quartett ist die spannungsreiche Komposition in farblicher und formaler Hinsicht gut zu erkennen. Das Besondere hier ist auch wieder der Qualitätskontrast zwischen reinen Farben (Rot-Orange-Grün), die sich zudem komplementär im Farbkreis gegenüberstehen, und gebrochenen Grautönen in verschiedenen Nuancen. Sehr offensichtlich springen die intensivfarbigen Flächen viel stärker ins Auge als die gräulichen.

Besonders interessante und komplexe Farbklänge erreiche ich, indem ich die Farbe nicht nur in einer Qualität verwende sondern auch in diversen Mischtönen. Durch das feuchte Verziehen der Acrylfarbe auf dem Bildgrund entstehen diese Mischtöne, mit Weiß ergeben sich

Material:

• Leinwände 50 x 50 cm • Acrylfarben in Karminrot, Permanentrotviolett, Kieselgrau, Titanweiß, Preußischblau, Farn, Grüngelb, Chinacridonrosa hell, Goldgelb und Azo-Orange • Ölpastellkreide in Cyan und Weiß • dicker Aquarellstift in Violett • Borstenpinsel in den Größen 4", 2", und 24"

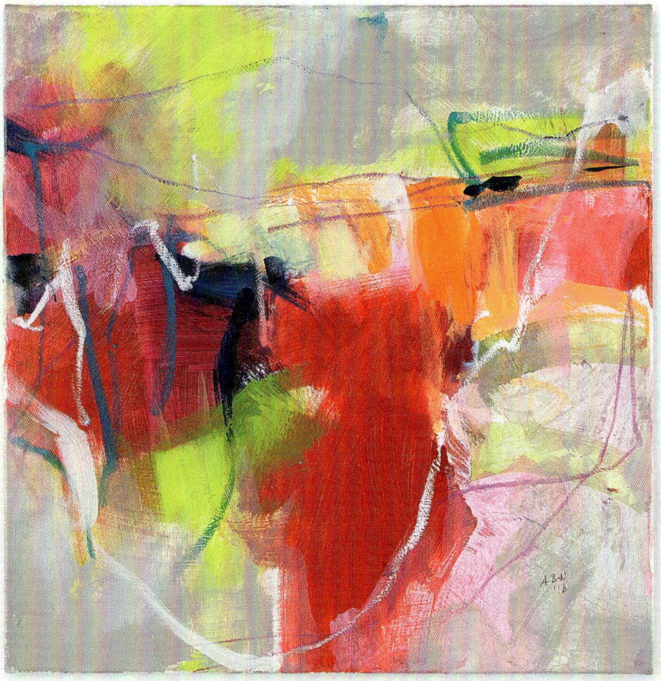

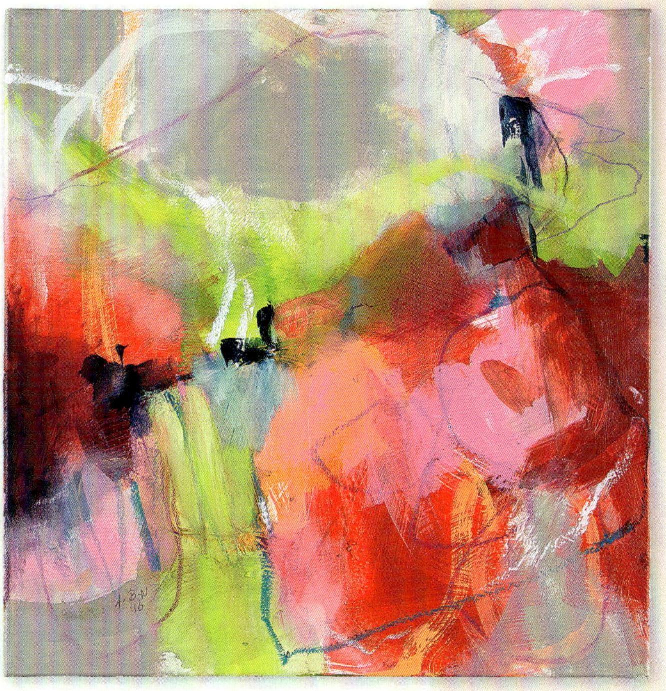

Pastelltöne der reinen Farben und mit der Komplementärfarbe gebrochene trübe Töne.
Das Preußischblau ergibt einen Schattenton und somit ebenfalls Tiefe. Weitere Kontraste bringen aber auch die stark differenten Größenverhältnisse. Die Farbflächen sind in verschiedenen Größen angeordnet, auch hier wird durch die unterschiedlichen Größen Perspektive vorgetäuscht und somit Tiefe erzeugt. Liniengefüge in verschiedenen Rhythmen und Verdichtungen, die im Gegensatz zu den starken Flächen filigran wirken, steigern die Spannung.
Die folgenden noch einmal gegenübergestellten Kontrastpaare lassen eine spannende und interessante Komposition entstehen. Die diagonalen Formen, Linien und Anordnungen und nicht zuletzt der Pinselduktus lassen das Bild dynamisch und ausdrucksstark wirken.

- kalt – warm
- hart – weich
- hell – dunkel
- Fläche – Linie
- groß – klein
- dick – dünn
- viel – wenig
- Qualitätskontraste (Farbe trüb – rein)
- Komplementärkontrast

Ordnung – waagerechte Gliederung: „Horizont“

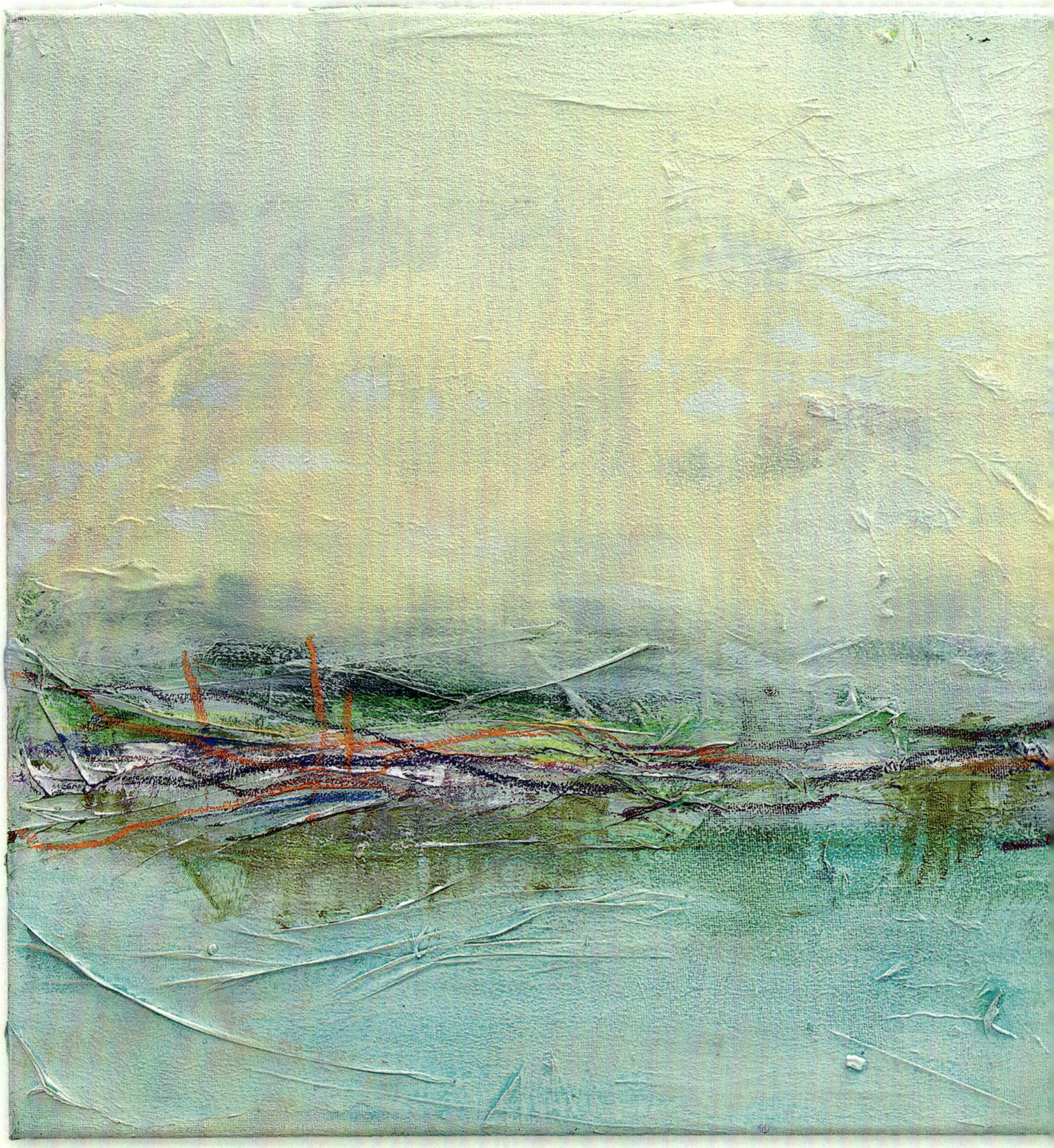

Ganz anders ist die Wirkung dieser abstrahierten Landschaft auf einem mit Zeitungspapier und Wandfarbe strukturierten Untergrund. Durch die horizontale Anordnung und die ebenfalls waagerechte Verdichtung wirkt dieses Bild viel ruhiger als das Quartett auf der vorhergehenden Seite. Die Position des Horizonts teilt das Bild ungefähr im Verhältnis des Goldenen

Material:

• Leinwand 80 x 40 cm • Zeitungspapier • Wandfarbe • Acrylfarben in Elfenbein, Paul-Veronese-Grün, Kobaltgrün hell und Olivgrün • Ölkreide in Gelb und Orange • Aquarellstifte in Violett und Rotviolett • Beize in Gelb und Blau • Spritzflasche • Borstenpinsel 4“

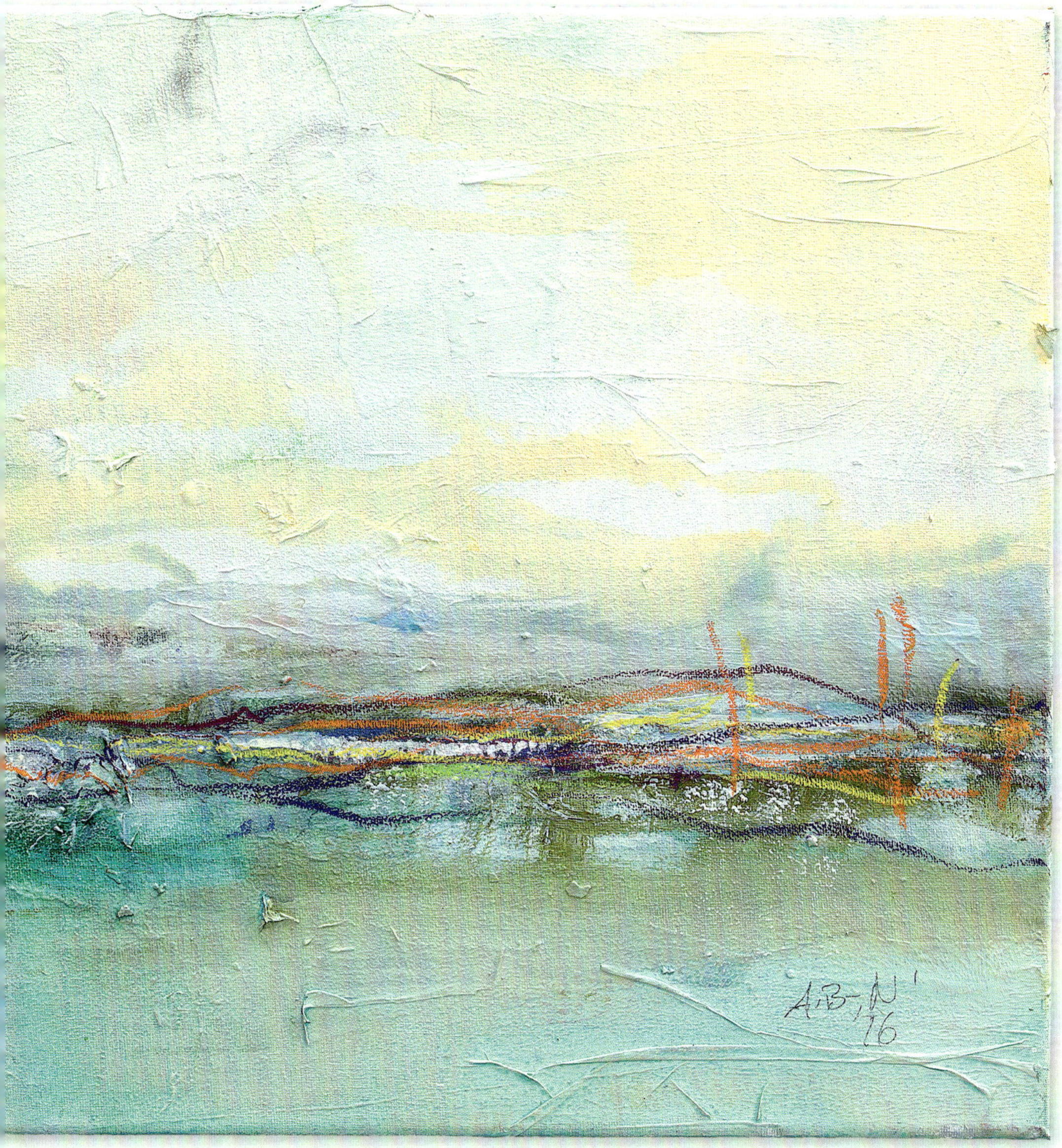

Schnitts auf (ca. 3:5). Bei dieser Gestaltung liegt der Fokus auf dem Himmel, dessen Fläche größer ist als der Vordergrund. Würde sich der Horizont nach oben verschieben, läge der Fokus auf dem Land, dem Vordergrund. Nur mittig sollte die Horizontlinie nicht sein, denn das würde das Bild in zwei gleich große Elemente teilen – eine sehr spannungsarme Anordnung. Die kurzen senkrechten Striche erhöhen die Spannung und bilden einen kleinen Blickpunkt; sie wirken als „Störer“ der vorherrschenden Ordnung. Die lineare Verdichtung zum Horizont hin, die Komplementärfarben Violett und Gelb, die weichen Flächen und die harten Konturen der Striche erhöhen die Spannung ebenfalls.

Grundsätzlich kann gesagt werden, dass eine waagerechte Anordnung ruhig wirkt, eine senkrechte eher statisch und Diagonalen im Bild eine dynamische Wirkung haben.

Nachwort und Danksagung

Als hauptberufliche Künstlerin, Dozentin und Autorin habe ich das Glück, (fast) jeden Tag malen zu dürfen. Das veränderte über die Zeit sehr stark meine Sichtweise auf die Malerei. Ich sehe das einzelne „Werk“ nicht mehr so absolut, gehe entspannter mit vermeintlichen Misserfolgen um und kann lockerer arbeiten. Manchmal überrascht es mich selbst, wie sich die Arbeiten entwickeln. Die Ergebnisse sind Unikate und nicht reproduzierbar – sie sind ein Ausdruck des momentanen Augenblicks. Hätte ich einige Entscheidungen anders gefällt, andere Farben oder Malwerkzeuge gewählt, wären gänzlich andere Bilder entstanden.

Egal, wo Sie selbst mit Ihrer Malerei und Kreativität stehen, und egal, aus welchen Gründen Sie dorthin gefunden haben, versuchen Sie sich beim Malen auf die Gefühlsebene einzulassen. Gehen Sie in Verbindung mit Ihrer Arbeit, nehmen Sie sich Zeit zu schauen und zu spüren, denken Sie nicht so viel nach. Lassen Sie locker. Versuchen Sie, besonders in den ersten Prozessen einer Gestaltung, den Verstand und den „inneren Kritiker“ auszublenden, und vertrauen Sie darauf, dass sich im Verlauf der Arbeit die richtigen Antworten einstellen werden. Natürlich geht es auch um Handwerk, Materialkunde und das Wissen um Kompositionslehre, aber dennoch sollte dies nicht im Vordergrund stehen. Nur wenn Sie fühlen, was Sie malen, werden Sie Ihren eigenen, unverwechselbaren Ausdruck entwickeln.

Stellen Sie den lustvollen Umgang mit den Materialien in den Fokus. Je intensiver Sie darin eintauchen, desto einfacher wird es Ihnen gelingen, in einen künstlerischen „Flow“ zu kommen. Damit meine ich den Zustand, wenn wir völlig in der Malerei vertieft sind, in dem wir die Freude spüren und es nur um das Hier und Jetzt geht.

Dieses kreative Erleben wird Ihre Wahrnehmung verändern und schärfen und auch in anderen Bereichen kreative Prozesse anstoßen. Sie sehen die Welt plötzlich mit anderen Augen. Dies wiederum wird sich auf Ihren schöpferischen Schaffensprozess auswirken.

Viel Freude bei allen Experimenten!
Ihre Angelika Biber-Najork

Angelika Biber-Najork

Ein herzlicher Dank geht an den Christophorus Verlag; allen voran Frau Sopp und Frau Bungeroth danke ich für das Interesse an diesem Thema und Ihre Unterstützung bei der Umsetzung, ebenso Frank Schuppelius für die tollen, hochwertigen Fotos.

Meine Familie motivierte mich schon immer durch Ihren Glauben an meine Kreativität. Sie sind auch meine besten Kritiker: Danke Max und Lea!

Meiner Schwester Rosi danke ich für das erste Korrekturlesen des Manuskriptes.

Besonders bedanken möchte ich mich aber bei meinen KursteilnehmerInnen, die ebenfalls für mich eine Inspiration sind, einen kreativen Austausch ermöglichen und mir viel positives Feedback geben. Es ist eine Freude für mich, mit Euch zusammenzuarbeiten und die Entstehungsprozesse Eurer Bilder mitzuerleben.